Gerhard Schlammer

Gesunder Boden gesunde Pflanzen

Lebendige Gartenerde – ertragreich ohne Gift

Experten-Rat für die naturgemäße Verbesserung des Gartenbodens

Fotos: Wolfgang Redeleit, Hans Reinhard, Andreas Riedmiller und andere bekannte Pflanzenfotografen
Zeichnungen: Marlene Gemke

GU GRÄFE UND UNZER

VORWORT
INHALT

Biogärtnern fängt bei der Bodenverbesserung an. Lebendige, duftend-krümelige Gartenerde ist die Grundlage für ertragreiche Ernten von gesundem Obst und Gemüse. Wer biogärtnert leistet obendrein einen wichtigen Beitrag zum Umweltschutz.
Dieser GU-Ratgeber sagt klar und leicht verständlich, wie Sie durch Verfahren, die der Natur abgeschaut sind, Ihren Gartenboden gesund und auf natürliche Weise fruchtbar machen. Was konkret zu tun ist, beschreibt der engagierte Biogarten-Experte Gerhard Schlammer - leicht nachvollziehbar für jeden. »Lernen Sie Ihren Gartenboden kennen«, heißt seine erste Devise, mit der er dem Leser einfache, aber aufschlußreiche Bodentests an die Hand gibt. Aus langjähriger praktischer Erfahrung gibt er kompetenten Rat, wie auch Anfänger ihren Gartenboden mit naturgemäßen Methoden verbessern und ertragreicher machen können - sei es durch Gründüngung, Kompostieren, Mulchen oder Düngen. Daneben werden die wichtigsten Maßnahmen zur Bodenbearbeitung im Frühjahr und Herbst erklärt. Farbige Schritt-für-Schritt-Zeichnungen und Fotoserien machen das gärtnerische Tun anschaulich. Die brillanten Farbfotos zeigen, wie reizvoll biologisch gepflegte Gärten aussehen können und machen Appetit auf knackig-frisches Obst und Gemüse, selbst gezogen - garantiert giftfrei!
Viel Freude und Erfolg beim naturgemäßen Gärtnern wünschen Ihnen der Autor und die GU-Naturbuch-Redaktion.

Sonnenblumen, ein Fest für Bienen.

Tomaten mögen es sonnig-warm.

Die Grabegabel ist ideal zur Lockerung schwerer Böden.

Der Autor
Gerhard Schlammer, Naturgarten-Experte mit langjähriger Erfahrung, hält Seminare rund ums Biogärtnern und ist Mitarbeiter verschiedener Gartenfachzeitschriften.

Die Fotos auf dem Umschlag
Umschlagvorderseite: Kohlrabi.
Umschlagseite 2: Rotkohl und Eissalat.
Umschlagseite 3: Gesunde Mischkultur aus Kohl, Salat und Kohlrabi.
Umschlagrückseite: Reiche Ernte im naturgemäß gepflegten Garten.

Wichtig: Damit Ihre Freude am Biogärtnern nicht getrübt wird, beachten Sie bitte die »Wichtigen Hinweise« auf Seite 63.

Unser Boden - das unbekannte Wesen

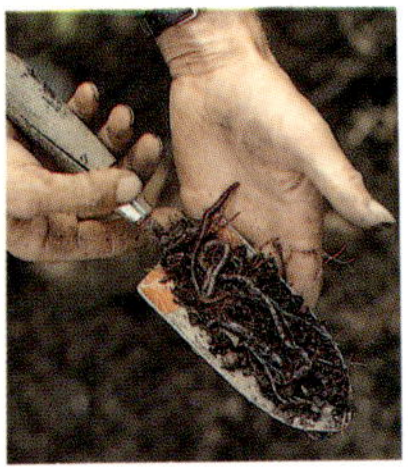

Fruchtbarer Boden ist die Lebensgrundlage für die gesamte Menschheit und ein lebendiger Organismus, von dem eine Handvoll mehr Lebewesen beinhaltet, als Menschen auf der ganzen Welt zu finden sind. Eine hervorragende Rolle als »Bodenverbesserer« spielt dabei der Regenwurm.

Entstehung der Böden

Am Anfang jeder Bodenbildung stehen die Gesteine, die sich aus einem Gemenge von Mineralen, gelegentlich auch aus nur einem Mineral zusammensetzen. Sie kamen zum Teil aus der Tiefe der Erde durch Vulkanismus an die Oberfläche, andere Gesteine entstanden durch Ablagerungen und Druck und kamen durch Faltung oder Verwerfung ans Tageslicht. Hier waren und sind sie den Klimabedingungen unterworfen, die den Verwitterungsprozeß in Gang setzen. Dabei geschieht recht Vielfältiges:

Bei der physikalischen Verwitterung werden die Gesteine durch Temperaturschwankungen, Wind, Wurzeldruck, Wasser und Eis gelöst, geformt, transportiert, vermischt, geschichtet - und dabei fortwährend zerkleinert.

Bei der chemischen Verwitterung ereignet sich nicht nur eine Zerkleinerung der Gesteine, sondern eine stoffliche Veränderung. Vor allem unter dem Einfluß von Wasser und Sauerstoff gehen manche aus den Gesteinen gelöste Minerale neue Verbindungen ein. Aber auch die Pflanzenwurzeln greifen manche Minerale an, lösen und verändern sie. Durch diese Art der Verwitterung entstehen die für Pflanzen wertvollen Tonminerale.

Was ist eigentlich Boden?

In jeder Handvoll Gartenerde lassen sich die 4 verschiedenen Bestandteile des Bodens auffinden:

- Natürliche mineralische Substanz,
- organische Substanz,
- Bodenluft und
- Bodenwasser.

Die mineralischen Bestandteile des Bodens

Sie machen im Durchschnitt auf einem unbestellten Boden (Grünlandboden) etwa 45% aus und werden nach ihrer Größe unterschieden.

- Steine nennt man fest miteinander verbundene Mineralgemenge, die größer als 2 mm sind.
- Sand besitzt eine Korngröße von 2 bis 0,063 mm. Je nach Korngröße teilt man ihn in Fein-, Mittel- und Grobsand ein.
- Schluff sind Mineralkörnchen der Größe 0,063 bis 0,002 mm.
- Als Ton werden alle festen mineralischen Bestandteile unter 0,002 mm bezeichnet.

Schwere Böden - leichte Böden. Die Verteilung der Korngrößen im Boden kann recht unterschiedlich sein. Der Boden wird nach dem benannt, was überwiegt: Enthält er einen hohen Tonanteil, so spricht man von einem Tonboden (→ Seite 10). Er wird auch als »schwerer Boden« bezeichnet. Böden mit einem hohen Sandanteil nennt man Sandböden (→ Seite 11) oder leichte Böden. Dazwischen sind die mittelschweren Lößböden angesiedelt mit Durchschnittsanteilen von Sand 10 bis 15 %, Schluff 65 bis 80 % und Ton 10 bis 25 %.

Wichtig für den Gärtner: Die besten Gartenböden sind die mittelschweren Lößböden (→ Seite 11). Welchen Gartenboden Sie haben, können Sie mit Hilfe einfacher Tests (→ Seite 12) herausfinden.

Die organische Substanz

Als organische Substanz bezeichnet man die Bodenlebewesen sowie alle abgestorbenen Pflanzen und Tiere, die nach und nach durch komplizierte Abbauprozesse im belebten Boden in Pflanzennährstoffe und Humus umgewandelt wurden und werden. Fruchtbare Gartenerde besteht zu etwa 8 % aus organischer Substanz.

Geht man weiter ins Detail und untersucht, woraus sich diese organische Substanz anteilmäßig zusammensetzt, so ergeben sich neue, recht interessante Zahlen:

- 85 % davon sind Humus,
- 10 % nehmen Wurzeln und abgestorbene Pflanzenteile ein,
- 5 % machen die Bodenlebewesen aus.

Biologisch »toter«, verschlämmter Boden.

Organisch belebter Boden mit Humusschicht.

Humusformen

Je nach der Zusammensetzung und Ausgangssituation des Bodens und abhängig vom Umwandlungsprozeß selbst, bilden sich unterschiedliche Humusformen.

Auf unbearbeiteten, nicht kultivierten Böden treten folgende Humusformen auf:

Mullhumus entsteht bei guter Durchlüftung und vielseitigem organischem Ausgangsmaterial, also bei artenreichem Bewuchs (zum Beispiel in Laubmischwäldern). Dieser besonders wertvolle Humus ist locker, dunkelbraun und riecht angenehm.

Rohhumus wird überwiegend auf sauren, nährstoffarmen Böden mit meist wenig artenreichem Bewuchs gebildet (zum Beispiel in reinen Nadelwäldern und in Heidelandschaften). Er ist schlecht durchlüftet, der Mangel an Sauerstoff kann zur Vertorfung führen.

Auf bearbeiteten Böden entstehen andere Humusformen, die man als unterschiedliche Stationen der Humifizierung verstehen kann, und die immer gleichzeitig vorhanden sind.

Nährhumus ist die Bezeichnung für die organischen Substanzen, die den Bodenorganismen als Nahrung dienen. Bei ihrer Verdauungsarbeit entstehen die leicht löslichen Stoffe, die die Pflanzenwurzeln als Nahrung aufnehmen können. Rohkompost (angerotteter Kompost) verkörpert diese Humusform, die relativ schnell abgebaut wird.

Dauerhumus ist die wertvollste Humusform im Garten, die nur langsam auf- und abgebaut wird. Dauerhumus ist reich an Huminsäuren und verbindet sich mit den Bodenmineralen zu den Ton-Humus-Komplexen (› Seite 6), die für die Krümelstruktur des Bodens verantwortlich sind. Er speichert sehr viele Nährstoffe, verhindert deren Auswaschung ins Grundwasser und gibt sie nur langsam an die Pflanzen ab.

Dauerhumus ist das große Ziel des Gärtners, denn er macht schwere Böden durchlässig, verbessert damit Durchlüftung und Erwärmung. Leichte Böden werden kompakter (bindiger).

Die Funktion der Pflanzenwurzeln

Sie dienen der Pflanze, indem sie ihr die Nährstoffe zuführen und ihr Halt geben. Sie dienen aber auch dem Boden, der sie ernährt:

- Sie durchdringen und lockern ihn bis in tiefe Schichten.
- Sie schaffen feine Hohlräume im Boden, damit wird er durchlüftet und leicht erwärmbar, was wiederum das Bodenleben aktiviert.

<u>Der Kreislauf der Fruchtbarkeit.</u> Pflanzen und Boden stehen in einem Wechselverhältnis. Beide sind an einem Auf- und Abbau von Stoffen beteiligt, die dem jeweils anderen zur Nahrung gereichen - allerdings erst, nachdem sie den Stoffwechsel von Tieren durchlaufen haben. Für jeden naturgemäß wirtschaftenden Gärtner ist es das höchste Anliegen, diesen Kreislauf in seinem Garten zu fördern. Er sieht im Detail so aus:

- *Pflanzen wachsen und gedeihen, indem sie dem Boden Nährstoffe entziehen.*
- *Pflanzen dienen Mensch und Tier zur Nahrung und kommen weitgehend durch deren Ausscheidungen oder als abgestorbene Pflanzenteile wieder auf den Boden zurück.*
- *Dort ernähren sie die Bodenlebewesen. Sie durchlaufen den Stoffwechsel der Erstzersetzer, deren Produkte wiederum den Mikroorganismen der unteren Bodenschichten als Nahrung dienen. Haben sie deren Stoffwechsel passiert, sind sie zusammen mit mineralischen Stoffen des Bodens in reine Pflanzennährstoffe verwandelt. Der Kreislauf kann von Neuem beginnen.*

- Sie machen den Boden wasserdurchlässiger.
- Die Leguminosen (› Seite 22) unter ihnen lösen und binden Stickstoff.
- Die Wurzelausscheidungen mancher Arten desinfizieren den Boden.
- Abgestorbene Wurzeln dienen den Bodenlebewesen als Nahrungsgrundlage.

Bodenlebewesen

Ohne sie gibt es keine Humusbildung (› Zeichnungen, Seite 6 und 9). Die Bodenorganismen brauchen organische Substanzen, um leben zu können. Je mehr und vielseitiger diese sind, desto bessere Bedingungen finden sie vor.

<u>Der Regenwurm</u> ist der wichtigste und größte Vertreter. Er frißt sich durch alle Bodenschichten (› Zeichnung, Seite 9) hindurch und nimmt dabei mineralische wie organische Stoffe auf, vermengt sie miteinander und scheidet sie als Ton-Humus-Komplexe aus. Bei dieser Tätigkeit legt er lange Gänge an, die den Boden für Wasser und Luft öffnen und in verdichteten Böden gern von Wurzeln als Wachstumsschneisen benutzt werden.

<u>Lebewesen der Bodenoberfläche,</u> wie Asseln, Spinnen, Käfer, Ameisen, Mücken und Schnecken, leben von abgestorbenen Pflanzen und Tieren und bereiten sie durch ihren Stoffwechsel für die darunter lebenden Organismen auf.

<u>Lebewesen der unteren Schichten,</u> wie Springschwänze, Milben, Nematoden, Räder- und Geißeltierchen, Pilze, Algen und Bakterien, sind auf die »Vorverdauung« der Erstzersetzer angewiesen. Sie nehmen deren Stoffwechselprodukte auf, verwandeln sie zu Humus und bilden anorganische Pflanzennährstoffe wie Stickstoff, Kali, Phosphor und Spurenelemente.

<u>Wichtig für den Gärtner:</u> Wie es um den Humusgehalt Ihres Garten-

bodens steht, können Sie leicht herausfinden (→ Seite 16 und 18). Verbessert und vermehrt wird er, wenn Sie Ihrem Boden organische Substanz zuführen. Dies geschieht zum Beispiel durch Gründüngung (→ Seite 20), über den Kompost (→ Seite 28) oder durch Mulchen (→ Seite 40).
Zuviel Humus kann ein Boden nicht haben. Ist ihm jedoch viel organische Substanz gegeben worden, ohne daß sich seine Fruchtbarkeit spürbar erhöht, so kann man davon ausgehen, daß das Bodenleben zu gering ist. Es muß erst langsam regeneriert werden (→ Seite 58).

Bodenluft

Je nach Bodenart (→ Seite 10) schwankt der Luftanteil im Boden zwischen 0 und 40 %. Die meiste Luft befindet sich in Sandböden mit 30 bis 40 % des Bodenvolumens, Lehmböden besitzen etwa 12 bis 20 % und Tonböden unter 10 %. Je humushaltiger ein Boden ist, desto besser ist er durchlüftet (Krümelstruktur).
Die Bodenluft ist für Bodenlebewesen und Wurzeln lebensnotwendig. Die Organismen benötigen den in ihr befindlichen Sauerstoff zum Atmen und produzieren dabei Kohlendioxid, das über die Bodenoberfläche wieder abgegeben wird. Je schlechter der Boden mit Luft (und Sauerstoff) versorgt ist, desto ungünstiger sind die Wachstumsbedingungen für Pflanzen. Die Wurzeln entwickeln sich ungenügend und können deshalb nicht ausreichend Nährstoffe aufnehmen. Die Pflanzen kümmern. Aber auch zuviel Bodenluft kann sich nachteilig auswirken. Leichte Sandböden trocknen unter anderem auch deshalb so schnell aus, weil viel Luft eine starke Erwärmung ermöglicht und damit die Verdunstung der Feuchtigkeit fördert.

Wichtig für den Gärtner: Hier eine Reihe von Maßnahmen, die mehr Luft in Ihren Boden bringen:

- Tiefgründige Bodenlockerung im Herbst (→ Seite 50).
- Regelmäßiges flaches Hacken während der Wachstumszeit, besonders nach Regengüssen.
- Tiefwurzelnde Gründüngerpflanzen (→ Seite 21 und 24) zur Bodenlockerung.
- Regelmäßige Kompostgaben (→ Seite 28) und Mulchen (→ Seite 40), weil das zur Humusbildung beiträgt.

Bodenwasser

Die Fähigkeit des Bodens, Wasser zu speichern, ist ebenfalls von der Bodenart abhängig - genauer gesagt: von deren jeweiligen Korngrößen.
Auf die Poren kommt es an. Je größer die Kornteilchen sind, desto größer sind auch die Poren zwischen den Teilchen. Man unterscheidet danach Grob-, Mittel- und Feinporen. Sand mit der umfangreichsten Korngröße hat also Grobporen. Sie können das Regenwasser nicht festhalten, es sickert zum Grundwasser durch. Sand ist deshalb ein sehr trockener Boden. Böden mit Mittel- und Feinporen hingegen halten das Wasser, so daß es von den Pflanzen aufgenommen werden kann. Die besten Voraussetzungen, Wasser wie Luft zu binden, bietet Humus, der aufgrund seiner porösen Beschaffenheit wie ein Schwamm sehr viel Feuchtigkeit speichern kann und diese nur langsam abgibt.
Was Bodenwasser alles leistet. Es versorgt die Pflanzen und Bodenorganismen mit Feuchtigkeit, löst und transportiert Nährstoffe zu ihnen. Es verklebt die Bodenteilchen miteinander und verhindert so, daß sie vom Wind abgetragen werden.

Wichtig für den Gärtner: Staut sich das Regenwasser aufgrund eines verdichteten Unterbodens, kann es leicht zu Fäulnis an den Wurzeln kommen. Was also tun bei Staunässe?

- Es gelten die gleichen Maßnahmen wie zur Bodendurchlüftung (→ mittlere Spalte).
- Bei hohem Grundwasserstand am besten Hochbeete anlegen.

Die Bodenstruktur

Darunter versteht man das Miteinander von festen Bodenbestandteilen und Poren. Sowohl Mineralkörper wie Poren können in unterschiedlichen Größen vorkommen, darüber hinaus verbinden sie sich zu recht unterschiedlichen Gefügen, wie zum Beispiel Klumpen-, Bröckel-, Plattengefüge. Diese verschiedenen Strukturformen bewirken bestimmte biologische, physikalische und chemische Bodeneigenschaften.
Erstrebenswert - die Krümelstruktur. Für Pflanzen und Mikroorganismen ist dieses Gefüge am günstigsten. Die Größe der Krümel ist nicht einheitlich, sie schwankt zwischen 0,3 und 5 mm. Diese Struktur bildet sich nicht über Nacht, sie muß wachsen.
So entsteht die Krümelstruktur. Maßgeblich beteiligt sind daran die Bodenlebewesen. Durch ihre Stoffwechselvorgänge bauen sie mineralische und organische Stoffe ab oder zu Nährstoffen auf (→ Seite 6). Wurmkot und die Schleimstoffe von Bakterien sind dabei besonders intensiv beteiligt. Diese Zwischen- oder Endprodukte werden skelettartig um Bodenmineralien abgelegt, so daß unzählige Krümel mit bizarren Hohlräumen entstehen. Hier ist die Speisekammer für die Pflanzenwurzel. In diesen Poren sind organisch gebundene Nährstoffe, Bodenluft und -wasser eingelagert.

Wichtig für den Gärtner: Die Krümelstruktur ist der Beweis für einen humushaltigen Boden. Sie wird verhindert

- durch synthetische Mineraldünger (Kunstdünger) und Pflanzenschutzmittel, wie Gifte gegen Schädlinge, Pilze und Unkräuter, weil dadurch das Bodenleben zerstört wird;
- durch unbedeckte, nackte Böden, besonders während der Wintermonate;
- durch grobscholliges Umgraben mit dem Spaten statt tiefgründiger Bodenlockerung mit Grabegabel oder Sauzahn (→ Seite 50);
- durch Betreten oder Befahren des Bodens (Verdichtungen!);
- durch Staunässe oder zu trockene Erde, weil dadurch das Bodenleben eingedämmt wird;
- wenn dem Boden zu wenig organische Stoffe zugeführt werden, also durch zu geringe Kompostgaben oder »saubere« (ungemulchte) Beete.

Das Krümelgefüge entsteht ganz von allein durch Methoden, die auch die Humusbildung fördern, wie Gründüngung (→ Seite 20), Kompostieren (→ Seite 28) und Mulchen (→ Seite 40).

Der Austausch zwischen Pflanze und Boden

Pflanzen und Boden stehen in einem direkten Wechselverhältnis, bei dem jeder dem anderen gibt und von ihm nimmt.

Was Pflanzen aus dem Boden brauchen. Pflanzen benötigen zum Leben Licht, Wärme, Luft, Wasser und Nährstoffe. Sie besitzen die Fähigkeit, sich ihre Nahrung aus mineralischen Elementen und Kohlendioxid zu bereiten. Nur mit den feinen Wurzelspitzen, den Wurzelhaaren, erschließen sie durch Kohlensäure-Ausscheidungen

Was Pflanzennährstoffe bewirken

	richtige Dosierung	Überangebot	Mangel
Stickstoff (N)	fördert Trieb- und Blattwachstum	triebiger Wuchs, hoher Wassergehalt, krankheitsanfällig, besonders für Läuse und Pilze, fader Geschmack, schlechte Haltbarkeit	gelbliche Blätter, schwächliches Wachstum
Phosphor (P)	fördert Blüten- und Fruchtbildung sowie Aufbau der Zellen	Stoffwechselstörungen, Eisen und Kupfer können nicht verwertet werden	rötlich-bräunliche Blattverfärbung, geringer Fruchtansatz
Kalium (K)	fördert Wurzel- und Knollenbildung, kräftigt Pflanzengewebe	Wachstumsstockung	Blätter verfärben sich an den Rändern braun und sterben ab
Magnesium (Mg)	fördert Blattgrünbildung	fördert Läuse und Spinnmilben	Gelbfärbung der unteren Blätter, Blattadern bleiben grün
Calcium (Ca)	fördert Wurzel- und Sproßwachstum	führt zu Phosphormangel	verringertes Wurzelwachstum
Schwefel (S)	fördert Stoffwechsel	Kleinwüchsigkeit, gelbe »verbrannte« Blätter	Gelbfärbung der jüngsten Blätter
Eisen (Fe)	regelt Energiestoffwechsel	Blätter verfärben sich dunkel- bis blaugrün, Wurzeln bräunlich	Gelbfärbung der oberen Blätter

die Nährstoffe und saugen sie in Wasser gelöst auf. Das Faszinierende an diesem Vorgang ist, daß sich jede einzelne Pflanzenart aus der Nährflüssigkeit nur die Stoffe bevorzugt herauszieht, die sie speziell benötigt. Deshalb sollte man Kulturpflanzen im Fruchtwechsel anbauen, das beugt einseitigem Nährstoffentzug vor. Die wichtigsten Pflanzennährstoffe sind: Stickstoff, Phosphor, Kalium, Magnesium, Calcium, Schwefel. Was sie bewirken › Tabelle, Seite 8. Wesentliche Spurenelemente (Mikronährstoffe, die nur in ganz geringen Dosen gebraucht werden) sind: Eisen, Molybdän, Mangan, Bor, Zink, Kupfer und Chlor.

Was Pflanzen dem Boden geben. Die meisten Pflanzen gehen in der Natur nach dem Absterben wieder in den Kreislauf der Stoffe ein und führen dem Boden damit die Elemente, aus denen sie gebildet sind, als Nahrung zu (› Zeichnung, Seite 6). Dies kommt vor allem den Bodenlebewesen zugute. Nach dem Absterben der Wurzeln entstehen im Wurzelraum für diese ideale Lebensbedingungen, hier gibt es reichlich Sauerstoff, Feuchtigkeit und Nährstoffe.
Aber auch lebende Pflanzen helfen das Bodenleben zu bewahren und somit Humus aufzubauen. Durch den jährlichen Blätterfall, durch Abwerfen von Blütenblättern und Früchten tragen sie dazu bei, die Bodenoberfläche bedeckt und geschützt zu halten.

Die Bodenschichten

Boden ist ein gewachsener Organismus, in dessen einzelnen Schichten (› Zeichnung, oben) sich recht unterschiedliche Dinge ereignen.

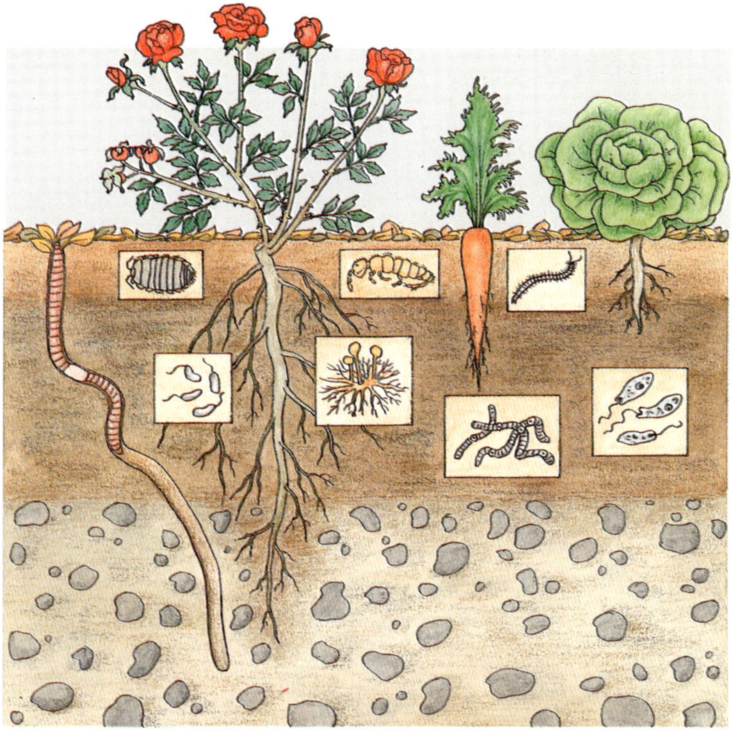

Die Bodenschichten. So sieht es unter Ihrem Beet aus:
- *Die Bodenoberfläche ist mit einer Mulchschicht bedeckt.*
- *Die darunterliegende Rotteschicht ist etwa 5 cm hoch. In ihr zerkleinern und zersetzen bestimmte Bodenlebewesen das organische Material.*
- *Die nachfolgende Humusschicht ist meist 10 bis 30 cm hoch. In ihr wandeln andere Mikroorganismen das vorverdaute Material in Humus- und Pflanzennährstoffe um.*
- *Die Mineralschicht besteht aus verwitterndem Gestein.*

Die Bodenoberfläche. Hier beginnt bereits die Umwandlung organischen Materials. Sie liegt in der freien Natur fast nie unbedeckt da und ist der Lebensraum vieler Kleintiere, wie Spinnen, Käfer, Asseln, Schnecken oder Ohrwürmer, die sich entweder räuberisch oder von Pflanzen ernähren und damit zur Nährstoffverarbeitung beitragen.
Die Rotteschicht ist meist nur einige Zentimeter dick. Unter der schützenden Pflanzendecke, die die Bodenoberfläche bedeckt, beginnt der Lebensraum der Bodenlebewesen, deren Aufgabe es ist, das organische Material zu zerlegen, umzuwandeln und dadurch für eine weitere Verarbeitung aufzuschließen. Hier arbeiten sauerstoffbedürftige (aerobe) Bakterien, Kleintiere wie Milben, Nematoden, Springschwänze und Insektenlarven, auch Pilze und Algen helfen entscheidend mit. All diese Lebewesen brauchen Luft, Wärme und Feuchtigkeit, damit sie den Abbau organischen Materials - die Rotte - gut bewältigen können.

Leichter, sandiger Boden.

Schwerer, lehmig-toniger Boden.

Dunkler Moorboden.

Humushaltiger Boden mit viel organischem Material.

Die Humusschicht ist etwa 10 bis 30 cm dick. Hier sind andere Mikroorganismen tätig, die die vorverdauten Stoffe der Rotteschicht in pflanzenverfügbare Nährstoffe verwandeln und speichern. In der Humusschicht wird auch der gasförmige, in der Luft enthaltene Stickstoff von Bakterien gebunden (→ Gründüngung, Seite 23) und für Pflanzen aufbereitet. In dieser Schicht befinden sich die meisten Pflanzenwurzeln.

Die Mineralschicht wird auch Unterboden genannt und kann mehrere Meter dick sein. Es ist eine verwitterte, mehr oder weniger lehmige, tonige oder sandige Gesteinsmasse. In diesem Bereich lagern große Reserven an natürlichen Mineralstoffen, die aber nur ganz langsam durch Verwitterung, Bakterien, andere Kleinorganismen, Würmer und Wurzeln aufgeschlossen werden. Die Aktivitäten der Bodenlebewesen nehmen mit zunehmender Tiefe ab.

Die wichtigsten Bodenarten

Die mineralischen Bestandteile des Bodens können – wie bereits erwähnt wurde (→ Seite 4) – von recht unterschiedlicher Korngröße sein. Diese Größe ist ausschlaggebend für die Bestimmung der Bodenart.

Tonböden sind sogenannte schwere Böden. Die Tonminerale sind kleiner als 0,002 mm und nicht kugelig, wie Sandkörner, sondern blättchenartig und sehr dicht aufeinander gelagert. Wenn es regnet, quellen sie auf und können viel Wasser speichern. Tonböden sind deshalb wasserhaltend, naß, kalt und schlecht durchlüftet. Bei Regen verschlämmen sie und bei Trockenheit bilden sich Risse. Tonböden sind reich an natürlichen Mineralstoffen, die aber nicht direkt für Pflanzen verfügbar sind, sondern erst über Bodenlebewesen verarbeitet und damit für sie erschlossen werden müssen. Auf solchen Böden fühlen sich nur einige wenige Wildpflanzen wohl, Wurzeln von Kulturpflanzen können sich in dem verdichteten Boden kaum ausbreiten.
Wichtig für den Gärtner: Maßnahmen zur Bodenverbesserung sind unbedingt nötig, damit sich eine Krümelstruktur bildet. Im Herbst den Boden tiefgründig lockern (→ Seite 50), Rohkompost oder strohigen Rindermist auf die gelockerte Fläche geben und mit Gesteinsmehl bestäuben. Das Ganze mit einer dicken Laubschicht (12 bis 15 cm) abdecken und im nächsten Frühsommer Kartoffeln anbauen.

Lehm- und Lößböden gelten als mittlere Böden und enthalten Mischungen aus verschiedenen Korngrößen.
Ein Lehmboden setzt sich aus Sand, Schluff und Ton zu etwa gleichen Teilen zusammen.
Ein Lößboden besteht zu etwa 75% aus Schluff und 25% aus Ton.
Beide Böden sind fruchtbar, denn sie besitzen in hohem Maße pflanzenverfügbare Naturmineralien, die nicht ausgewaschen werden. Sie können Wasser speichern, sind gut durchlüftet und erwärmen sich ausreichend.

Wichtig für den Gärtner: Je höher der Anteil von Ton in diesen Böden ist, desto eher neigen sie zu Staunässe, schlechter Durchlüftung und Verschlämmung der Oberfläche. Für Abhilfe sorgen dann die bei Tonboden erwähnten Maßnahmen (→ oben).

Sandböden gelten als leichte Böden und bestehen vorwiegend aus Sandkörnern. Diese sind kugelig geformt, rollen deshalb leicht auseinander und sind nicht fest miteinander verpackt. Kein Wunder, daß diese Böden gut belüftet sind und sich ohne Mühe bearbeiten lassen. Allerdings können sie Wasser und Pflanzennährstoffe kaum festhalten, beides sickert hindurch. Sandboden erwärmt sich am Tage in der Sonne rasch und kühlt nachts schnell aus. Durch die gute Belüftung und rasche Erwärmung wird organisches Material sehr zügig verarbeitet, Nährhumus bildet sich also rasch, wird aber auch in kürzester Zeit verbraucht.
Wichtig für den Gärtner: Sandböden trocknen schnell aus und sind arm an Nährstoffen, vor allem an Ton-Humus-Komplexen. Düngemittel werden nicht gebunden, sondern leicht ins Grundwasser ausgewaschen. Ziel der Bodenbearbeitung ist es, die Erde bindiger zu machen. Dies geschieht durch Gaben von lehmhaltigem Kompost (→ Seite 28), tonhaltigen Gesteinsmehlen (→ Seite 31) und regelmäßigem Mulchen (→ Seite 40). Gründüngerpflanzen (→ Seite 21 und 24) reichern diesen Boden mit organischem Material an.

Moorige Böden bestehen zu 30 bis 99% aus organischer Substanz, weisen oft wenig Pflanzennährstoffe auf und sind überwiegend kalkarm, also sehr sauer (pH-Wert 2,5 bis 6,5). Sie können aber Wasser gut speichern.

Wichtig für den Gärtner: Gemüse braucht einen pH-Wert von etwa 6 bis 7, Moorböden müssen dafür also meist präpariert werden. Das sollten Sie tun:

- Den pH-Wert auf 6 bis 6,5 langsam erhöhen, durch eine jährliche Kalkung (mit kohlensaurem Kalk oder Algenkalk, → Seite 52) von 100 bis 200 g pro m^2.
- Tonhaltige Gesteinsmehle (zum Beispiel Bentonit) mehrmals während der Vegetationsperiode ausbringen, jeweils 100 bis 200 g pro m^2.
- Drainagen zum Entwässern anlegen.
- Wiederholt Komposterde oberflächlich einarbeiten.
- Bei extrem sauren und nassen Böden Hochbeete anlegen.

Was Sie über den pH-Wert wissen sollten

Der pH-Wert gibt die Wasserstoffionen-Konzentration an und wird in Zahlen von 7 an auf- und abwärts ausgedrückt. 7 = neutral, was darunter liegt, kennzeichnet saure, was darüber liegt, alkalische Reaktionen. Der pH-Wert gibt eine chemische Eigenschaft des Bodens an und ist deshalb so wichtig, weil die meisten Kulturpflanzen nur zwischen pH-Werten von 5,5 und 7 gedeihen. Unter 5 werden die Lebensbedingungen der Bodenlebewesen stark verschlechtert, die Nährstoffe für die Pflanzen weniger verfügbar. Letzteres tritt auch ein, wenn der Boden alkalisch (pH-Wert 7 bis 11) ist. Dabei werden Spurenelemente wie Mangan, Kupfer, Zink und Bor immer weniger pflanzenverfügbar. Ähnliches gilt für Phosphat, dessen Verfügbarkeit schon bei pH-Werten über 6 abnimmt.
Wichtig für den Gärtner: Saurer Boden läßt sich durch gezielte Bearbeitung langsam verbessern (→ Moorige Böden, mittlere Spalte).

So lernen Sie Ihren Gartenboden kennen

Zeigerpflanzen wie der Ackerschachtelhalm, der sich gern auf lehmig-sandigen, stickstoffarmen Böden ansiedelt, verraten etwas über Bodenart, -struktur oder Nährstoffgehalt. Aber auch durch zahlreiche einfache Tests können Sie vieles über Ihren Gartenboden in Erfahrung bringen.

»Wie ist mein Gartenboden beschaffen?« ist die erste Frage, die sich jeder stellen muß, der auf naturgemäßes Gärtnern umstellen möchte. Nur wer seinen Boden beurteilen kann, ist in der Lage, richtig mit ihm umzugehen oder Schäden und Mängel durch heilende Maßnahmen und Kuren zu beheben. In der Tabelle (› rechts) finden Sie eine Reihe von Fragen, die Ihnen helfen, Ihren Gartenboden kennenzulernen.

Den Boden mit den Sinnen erfassen

Allein durch Fühlen, Hinsehen und Riechen können Sie die Bodenart und den Zustand (biologische Aktivität) Ihres Gartenbodens herausfinden.

Die Fingerprobe gibt einen ersten Aufschluß über die Bodenart. Nehmen Sie etwa einen Eßlöffel voll feuchter Erde in die Hand, Sie können die unterschiedlichen Korngrößen(› Seite 4) deutlich fühlen:

- Bei vorwiegend sandigen Böden spüren Sie die einzelnen Sandkörner rauh zwischen den Fingern. Sie sind auch gut zu sehen. Die Erde haftet weder an den Händen noch läßt sie sich haltbar formen.
- Schluffiger Boden fühlt sich samtig-mehlig an, läßt sich formen und haftet an den Fingern.
- Tonigen Boden kann man wie Teig ausrollen und formen. Er fühlt sich schmierig an und bekommt, wenn man mit dem Finger auf der Bodenprobe entlangstreicht, eine glänzende Oberfläche.

Die optische Prüfung verrät bereits etwas über den Humusgehalt und die Aktivität des Bodenlebens.

- Je humoser die Gartenerde ist, desto dunkler ist sie von den Huminsäuren gefärbt, desto belebter ist sie, zum Beispiel mit Würmern.
- Ganz anders ein Boden, der monatelang ungeschützt Temperaturgegensätzen ausgeliefert war. In ausgefrorener, verschlämmter oder verkrusteter Erde ist kaum noch Leben zu finden. Die Krümelstruktur ist verlorengegangen.

Der Geruchstest gibt ebenfalls Aufschluß über den Humusgehalt des Bodens.

- Humose, fruchtbare Erde duftet würzig wie guter Kompost oder Waldboden. Dieser Geruch entsteht

8 Fragen an Ihren Gartenboden – Fahrplan zum Kennenlernen

1 Welche Wild- oder Zeigerpflanzen wachsen in meinem Garten?
› Zeigerpflanzen, Seite 14

2 Mit welcher Bodenart habe ich es zu tun?
› Fingerprobe, Seite 12; Bodenhorizontprobe, Seite 13; Zeigerpflanzen, Seite 14; Spatenstrukturprobe, Seite 18

3 Wie steht es um die biologische Aktivität meines Bodens?
› Optische Prüfung, Seite 12; Bodenhorizontprobe, Seite 13; Spatenstrukturprobe, Seite 18; Wurmtest, Seite 19

4 Wurde mein Boden schon landwirtschaftlich oder gärtnerisch genutzt?
› Roher oder garer Gartenboden?, Seite 16

5 Ist mein Gartenboden locker oder verdichtet?
› Löwenzahntest, Seite 19

6 Welchen durchschnittlichen pH-Wert haben mein Boden und das Regenwasser?
› Seite 16

7 Wie ist mein Gartenboden mit Hauptnährstoffen versorgt?
› Seite 16

8 Wieviel Humus enthält mein Gartenboden?
› Geruchstest, Seite 12; Bodenhorizontprobe, Seite 13; Zeigerpflanzen, Seite 14; Spatenstrukturprobe, Seite 18.

Bei der Bodenhorizontprobe gibt ein etwa 60 cm tiefes Loch Aufschluß über Bodenart und Schichten.

vor allem im Frühjahr durch die gesteigerte Aktivität von Strahlenpilzen, die maßgeblich am Abbau von Zellulose oder Chitin beteiligt sind. Sie zersetzen diese Stoffe in Humus.

- Gartenerde, die dumpf und faulig riecht, ist zu wenig mit Sauerstoff (Bodenluft) durchsetzt. Anaerobe Bakterien sondern teils pflanzenschädliche Stoffe aus.

Abhilfe: Bodenlockerung und Belebung durch tiefwurzelnde Gründüngerpflanzen (› Seiten 21 und 24).

Die Bodenhorizontprobe

› Foto, oben.

Bodenhorizonte heißen die einzelnen Bodenschichten, die sichtbar werden, wenn man ein tiefes Loch aushebt.

Mit diesem Test können Sie vieles auf einmal über Ihren Boden in Erfahrung bringen: Bodenart, Aufbau der Schichten, Humusgehalt und biologische Aktivität.

<u>So wird's gemacht:</u> Graben Sie ein etwa 50 bis 60 cm tiefes Loch. Damit die Bodenhorizonte gut sichtbar werden, arbeiten Sie mit einer Pflanzschaufel die zu kontrollierende Wand etwas nach.

In der Auswertung gehen Sie genauso vor, wie es bei der Spatenstrukturprobe (› Seite 18) beschrieben ist. Sie können darüber hinaus noch ermitteln, ob Ihr Boden im Untergrund verdichtet ist und zu Staunässe neigt. Dies ist immer dann der Fall, wenn sich nach einem ergiebigen Regen das Wasser im Loch staut.

Was Zeigerpflanzen verraten

Zeigerpflanzen sind Gewächse mit ganz bestimmten Ansprüchen. Finden sie diese Bedingungen im Boden, so sind sie kaum mehr auszurotten. Viele von ihnen werden deshalb von eifrigen Gärtnern als Unkraut empfunden, dem bewußten Gartenfreund geben sie aber Informationen über die Beschaffenheit oder die wichtigsten Pflanzennährstoffe seines Bodens.
Auf verdichteten Böden wachsen Wildpflanzen, die mit ihren Wurzeln bis tief in den Unterboden eindringen. Sie lüften und reißen ihn auf, fördern Nährstoffe zutage und beleben so den Boden.
Auf sandigem Grund gedeihen Pflanzen, die lange Trockenperioden überstehen können, wie zum Beispiel der Huflattich. Auch sie reichern den Boden organisch an und schließen Nährstoffe auf.
Wer das erkennt, wird diesen »Unkräutern« nicht länger den Kampf ansagen, sondern sie bei ihrer Arbeit, die Bodenqualität zu verbessern, nachhaltig unterstützen. Es geht also nicht um Unkrautvernichtung, sondern darum, die wirklichen Ursachen zu ergründen. Das richtige Deuten der Zeigerpflanzen kann Sie bei der Beurteilung des Gartenbodens ein erhebliches Stück weiterbringen.
Was Sie auch wissen sollten: Verlassen Sie sich nicht auf ein einziges »grünes Indiz«. Die meisten Zeigerpflanzen fühlen sich - wie jede andere Pflanze - in einem Milieu wohl, das von mehreren Faktoren bestimmt ist, zeigen also nicht unbedingt und eindeutig nur einen Wert Ihres Gartenbodens an. Verläßlicher wird die Bestimmung, wenn mehrere Zeigerpflanzen einer Kategorie auf Ihrem Boden zu finden sind.

Humose Böden zeigen an

Persischer Ehrenpreis, Veronica persicum.

Große Brennessel, Urtica dioica.

Das einjährige Bingelkraut, Mercurialis annua, blüht von April bis Mai.

Zeigerpflanzen und der Nährstoffgehalt des Bodens

Eine ganze Reihe von Pflanzen geben Aufschluß über Reichtum oder Mangel an Nährstoffen wie Stickstoff oder Kalk.

Gute Stickstoffversorgung signalisieren:
Breitblättriger Ampfer, *Rumex obtusifolius*
Franzosenkraut, *Galinsoga parviflora*
Giersch, *Aegopodium podagraria*
Quecke, *Agropyron repens*

Stickstoffmangel-Anzeiger:
Ackerschachtelhalm, *Equisetum arvense*
Ackerhohlzahn, *Galeopsis ladanum*
Sumpfruhrkraut, *Gnaphalium uliginosum*
Zitterwicke, *Vicia hirsuta*

Kalkhaltige Böden schätzen (pH-Wert über 7):
Ackerhahnenfuß, *Ranunculus arvensis*
Huflattich, *Tussilago farfara*
Kohl-Gänsedistel, *Sonchus oleraceus*
Wegwarte, *Cichorium intybus*

Auf kalkarmen, sauren Böden gedeihen (pH-Wert unter 6):
Ackerspörgel, *Spergula arvensis*
Hederich, *Raphanus raphanistrum*
Stiefmütterchen, *Viola tricolor*
Echte Kamille, *Matricaria chamomilla*

Erfahrungen mit Zeigerpflanzen

Im Frühjahr 1984 konnte ich zum ersten Mal meinen neuen Garten im bayerischen Voralpenland bestellen. Der Unterboden ist aus meterdickem Ton, Kies und verklebten Sandschichten zusammengesetzt. Ablagerungen und Geschiebe vergangener Eiszeiten und deren Gletscher, die das Lechtal hinaus walzten. Der Oberboden ist schwer mit hohem Tonanteil, ein typischer

Zeigerpflanzen für leichte, sandige Böden

Gemeiner Reiherschnabel, Erodium cicutarium.

Vogelmiere, Stellaria media.

Kleiner Storchschnabel, Geranium pusillum.

Rohboden mit Erdklumpen statt Krümelstruktur. Schneller als meine Kraut- und Salatköpfe oder Stauden sich ausbreiten konnten, überwucherten der Kriechende Hahnenfuß, Löwenzahn, Ackerkratzdistel, Gräser und Ampfer die neugeschaffenen Gartenbeete und Pflanzungen. Mit Hacken und Jäten allein war den Zeigerpflanzen nicht beizukommen.
Im 1. und 2. Gartenjahr fanden sie beste Wachstumsbedingungen, ab dem 3. Jahr waren sie auf dem Rückmarsch und im 4. Jahr konnte man Kriechenden Hahnenfuß und Ackerkratzdistel kaum mehr finden.
Was hatte die Wildpflanzen zum Auszug veranlaßt? Die Antwort ist einfach: Der schwere und zur Staunässe neigende Boden war inzwischen in gute, feinkrümelige, lockere Gartenerde verwandelt worden. Die Natur hätte hierfür ohne meine Unterstützung viele Jahrzehnte benötigt.
Wie wurde das in relativ kurzer Zeit erreicht?

- Durch tiefgründige Bodenlockerung mit der Grabegabel im Spätherbst und gleichzeitige Düngung (→ Seite 50).
- Durch Abdecken der Beete den Winter über mit Stroh und Laub (→ Seite 42).
- Durch Anpflanzen von Kartoffeln im 1. Jahr, die aber reichlich Mist oder Rohkompost und eine dicke, angerottete Laubschicht von 10 bis 15 cm bekommen. So lockern sie den Boden besonders gut.
- Durch Gründüngung (→Seite 20), Mischkultur, Fruchtwechsel und Mulchen (→ Seite 40).

Zeigerpflanzen für schwere, tonige Böden

Der Kriechende Hahnenfuß, Ranunculus repens, wird etwa 50 cm hoch.

Der Ampfer-Knöterich, Polygonum lapathifolium, besitzt rosa oder weiße Blütenhüllblätter.

Das Gemeine Rispengras, Poa trivialis, blüht im Frühsommer von Juni bis Juli.

Roher oder garer Gartenboden?
Ein garer Gartenboden ist krümelig und möglichst tiefgründig (10 bis 30 cm), er läßt sich folglich gut bearbeiten. Ein roher Gartenboden hingegen besitzt keine Krümelstruktur und muß erst für Kulturpflanzen erschlossen werden.
So erkennen Sie einen rohen Gartenboden:
- Auf einem rohen Gartenboden wachsen anspruchslose Pflanzen wie Gräser, Moose sowie an den Boden angepaßte Stauden und Gehölze (→ Zeigerpflanzen, Seite 14). Anspruchsvollere Kulturpflanzen entwickeln sich dagegen schlecht, werden vielfach von den Wildpflanzen rasch überwuchert.
- Bodenhorizonte sind kaum erkennbar, der lockere, feinkrümelige, humose Oberboden fehlt ganz.
- Schwere, tonhaltige Rohböden können nur mit großem Kraftaufwand bearbeitet werden. Das Erdreich klumpt zusammen, verschlämmt nach jedem Regen und bildet bei Trockenheit Risse.
- Leichte, sandige Rohböden trocknen rasch aus. Flüssige Pflanzendünger (zum Beispiel Brennesseljauche) aber auch mehlfeine, hochkonzentrierte Düngestoffe (wie zum Beispiel Knochen- oder Blutmehle) werden rasch in den Unterboden ausgewaschen.

Abhilfe: Kompost (→ Seite 28), Mulchen (→ Seite 40) und Gründüngung (→ Seite 20).
So erkennen Sie einen garen Gartenboden:
- Dieser Boden hat eine feinkrümelige Struktur, die nach Regen weder verschlämmt noch nach einer Trockenperiode Risse bildet.
- Die Erdfeuchtigkeit bleibt auch im Sommer lange erhalten.
- Durch frische, halbverdaute und umgewandelte organische sowie durch natürliche mineralische Bestandteile hat er eine dunkelbraune Farbe.
- Er bietet Kulturpflanzen gute Wachstumsbedingungen, sofern man auf ihre wichtigsten Bedürfnisse wie Nährstoffe (Schwach-, Mittel-, Starkzehrer), Fruchtfolge und Klimaansprüche eingeht.

Die pH-Wert-Messung von Boden und Regenwasser
Der pH-Wert (→ Seite 11) gibt Auskunft über den Säuregehalt von Boden und Regenwasser. Saurer Regen schädigt Pflanzen und Bodenleben, er zerstört die Krümelstruktur des Bodens, fördert die Bodenverdichtung und Nährstoffauswaschung. Darüber hinaus mobilisiert er Schadstoffe, so daß Gifte und Schwermetalle über das Grundwasser in den menschlichen Ernährungskreislauf gelangen können. Sie sollten daher von Zeit zu Zeit den pH-Wert Ihres Bodens und Regenwassers feststellen.
So wird's gemacht
Es gibt verschiedene Möglichkeiten, den pH-Wert zu messen. Der Fachhandel bietet Teststreifen, Flüssigkeiten und Sonden und spezielle Kalkmeßtests (→ Bezugsquellen, Seite 63). Beim Regenwasser genügt es, einen Teststreifen hineinzuhalten, für die pH-Wert-Messung des Bodens müssen Sie eine Bodenprobe entnehmen und nach den jeweiligen Angaben der Test-Hersteller verfahren.
Hilfen zur Auswertung
Der pH-Wert von Gartenerde sollte zwischen 5,5 und 7,5 liegen. Ausnahme: Moorbeetpflanzen wie Heidelbeeren, Preiselbeeren, Rhododendren fühlen sich in sauren Böden (pH-Wert um 4 bis 5) wohl. Regenwasser, dessen pH-Wert unter 5,5 liegt, darf nicht als Gießwasser verwendet werden.

Wie ist die Versorgung mit Hauptnährstoffen?
Für die Ermittlung der Pflanzenhauptnährstoffe Stickstoff (N), Phosphor (P) und Kalium (K) bietet der Fachhandel (→ Bezugsquellen, Seite 63) Minilabors zum Selbsttesten an.
Daneben gibt es auch eine Reihe von Zeigerpflanzen (→ Seite 14), die Stickstoffreichtum oder -mangel signalisieren.

Die labormäßige Bodenuntersuchung
Noch genauer und zum großen Teil detaillierter sind die Ergebnisse, die Bodenuntersuchungsinstitute in teilweise aufwendigen Verfahren erzielen. Dringend anzuraten ist eine solche Untersuchung, wenn sich Ihr Grundstück in der Nähe umweltbelastender Betriebe oder an verkehrsreichen Straßen befindet und Sie eine Anreicherung Ihres Gartenbodens mit Schwermetallen, Radioaktivität und Pestiziden befürchten. Sie können Ihre Bodenprobe an staatliche Bodenuntersuchungsanstalten oder private Labors (→ Adressen, Seite 63) einsenden.
Leistungen der Untersuchungslabors: Staatliche Untersuchungsanstalten bieten Standardanalysen an, die in der Regel den pH-Wert des Bodens und seine Gehalte an Hauptnährstoffen (Stickstoff, Phosphor und Kalium) ermitteln. Auf Wunsch werden teilweise Spurenelemente (→ Seite 9), Schwermetalle und Radioaktivität bestimmt.
Biologisch orientierte Labors analysieren in Ihrer Bodenprobe auch den Humusgehalt und die biologische Aktivität.
Und so gehen Sie vor:
Fordern Sie vor dem Test die Unterlagen des Labors Ihrer Wahl an und fragen Sie nach dem Preis der Analyse, der je nach Institut, aber auch

Frisch aufgeschlämmte Bodenproben. Erst das Absinken der Partikel gibt genauen Aufschluß.

je nach Detailliertheit der Werte recht unterschiedlich sein kann. Geben Sie Ihre Untersuchungswünsche genau an, und erwähnen Sie auch, daß Sie Ihren Garten biologisch bestellen möchten, denn die Düngeempfehlungen des Labors sind danach ausgerichtet. Die meisten Labors geben exakt an, wie die Bodenproben entnommen werden sollen.
Grundregel: Entnehmen Sie die Proben immer von den Stellen, die Sie bewirtschaften möchten. Soll der Rasen verbessert werden, aus der Wiese, gedeiht das Gemüse nicht zufriedenstellend, dann vom Beet. Graben Sie an 5 oder mehr Stellen Erde etwa spatentief aus und mischen Sie die einzelnen Proben. Etwa 1 Pfund dieser Mischung wird eingeschickt.

Die Schlämmprobe

› Foto oben

Mit der Schlämmprobe kann die Zusammensetzung des Bodens getestet werden. Der Grund: Die Sand-, Ton- und Humusteile in der Erde sinken in Wasser mit unterschiedlicher Geschwindigkeit.

- Sand setzt sich bereits nach wenigen Augenblicken.
- Feinste ton- und humushaltige Partikel schwimmen tagelang im Wasser.
- Holzige, unverrottete Substanzen schwimmen an der Oberfläche.

So wird's gemacht: Füllen Sie ein Einmachglas zu etwa einem Drittel mit Ihrer Gartenerde, die Sie aus dem Oberboden entnehmen (bis maximal 20 cm tief). Füllen Sie dann das Glas mit Wasser auf und verrühren Sie alles gut. Das Glas nun hell (am besten auf die Fensterbank) aufstellen und über einen längeren Zeitraum (bis zu 3 Wochen) beobachten.

- Sand setzt sich sehr schnell ab.
- Die Farbe des trüben Wassers gibt Aufschluß über die Inhalte: Sandfarben = hoher Tonanteil; Grau bis dunkelbraun = hoher Humusgehalt.
- Nach einem längeren Zeitraum werden auch die Tonteilchen absinken. Ist das Wasser dann relativ klar, so ist der Humusgehalt gering.
- Ein hoher Humusanteil liegt vor, wenn die Wassertrübung sehr lange (also bis zu 3 Wochen) anhält.

PRAXIS
Bodentests

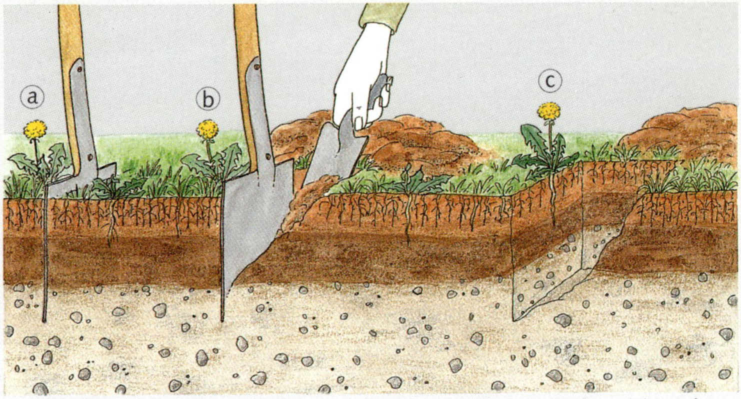

1 Den Spaten mindestens 25 cm tief in den Boden einstechen (a), nicht nach vorn oder hinten bewegen. Mit Pflanzschaufel Erdreich von Spatenrückseite entfernen (b). Spaten herausziehen (c), ohne Bodenprofil auf der Vorderseite zu zerstören.

Die Spatenstrukturprobe
→ Zeichnung 1
Mit diesem Test können Sie rasch die Bodenart, den Humusgehalt sowie die biologische Aktivität des Oberbodens erkennen.

Bestimmung der Bodenart:
Über die Bodenart geben die Farben, die Sie im Querschnitt erkennen können, Aufschluß:

Dunkel und krümelig: gare, humusreiche Gartenerde (optimale Erde).

Bräunlich-gelblich mit geringer Krümelstruktur: lehm- oder lößhaltig (mittelschwere Erde).

- Abhilfe: Hier sind Nährstoffreserven vorhanden, aber in einer für Pflanzen nicht verfügbaren Form. Sie müssen erst durch Bodenorganismen erschlossen werden. Deshalb das Bodenleben anregen und die Mikroorganismen füttern durch Gründüngung (→ Seite 20), Kompost (→ Seite 28) und Mulchen (→ Seite 40).

Hellgelb bis graubeige, schmierig, keine Krümelstruktur erkennbar: hoher Lehm- oder Tonanteil (sehr schwere Erde).

- Abhilfe: Hier handelt es sich um einen rohen Boden, Behandlung → Seite 16.

Feinsandig, sandig, kiesig: leichter Gartenboden.

- Abhilfe: Die Nährstoffe werden schnell ausgewaschen, der Boden besitzt kein Wasserhaltevermögen. Dagegen hilft Mulchen speziell mit Laub (→ Seite 42), Steinmehl (→ Seite 49), Kompost (→ Seite 28) und Gründüngung (→ Seite 20).

Moorig feucht: torfhaltiger Gartenboden.

- Abhilfe: Gründüngung (→ Seite 20), Kompost (→ Seite 28), Algenkalk (→ Seite 52). Am besten Dränage oder Hochbeete anlegen.

Bestimmung des Humusgehalts:
Messen Sie nach, wie weit die oberste, dunkelbraune, krümelige Schicht nach unten reicht:

- 5 cm = befriedigend
- 10 cm = gut
- 20 cm = sehr gut

Bestimmung der biologischen Aktivität:
Sie ist natürlich an der Höhe der Krümelschicht erkennbar, aber auch an anderen Kriterien:

Reichtum an organischem Material. Ist der Boden mit Wurzeln und Pflanzenresten gut durchsetzt? Wie weit reichen die Wurzeln nach unten?

- 50 cm und mehr = gut
- 30 cm und mehr = ausreichend
- bis 20 cm = ungenügend.

Wurmbesatz. Können Sie Wurmlöcher und/oder Wurmkothäufchen sehen?

2 An verschiedenen Stellen Erde mit der Grabegabel entnehmen und zwei 10-l-Eimer füllen.

3 Erde aus beiden Eimern auf eine Plane schütten und die Würmer zählen.

Der Wurmtest

→ Zeichnungen 2 und 3
Er gibt Aufschluß über die biologische Aktivität Ihres Gartenbodens, das heißt, wie rege das Bodenleben unter der Erdoberfläche ist. Würmer sind Humus- und Düngerfabrikanten, die perfekter arbeiten als modernste Chemiewerke. Sie fressen organische und mineralische Stoffe im Boden und verwandeln sie in fruchtbarste Ton-Humus-Komplexe. Ein einziger Regenwurm produziert im Jahr bis zu einem Pfund davon. Zusätzlich lüften und lockern die Tiere das Erdreich bis in tiefe Schichten. Je weniger Würmer im Gartenboden leben, umso trauriger steht es um den allgemeinen biologischen Zustand.

So wird's gemacht (→ Zeichnungen 2 und 3): Füllen Sie zum Testen zwei 10-l-Eimer mit Erde von verschiedenen Stellen Ihres Gartens und zählen Sie die Würmer in dieser Erdmenge.

Auswertung:

- 0 bis 5 Würmer: Die Erde ist weitgehend unbelebt.
- 6 bis 12 Würmer: Der Boden ist belebt, die natürliche Fruchtbarkeit noch ausreichend.
- 13 bis 20 Würmer: Das Bodenleben ist aktiv, die natürliche Fruchtbarkeit gut.
- Über 20 Würmer: Das Bodenleben ist überaus aktiv, die natürliche Fruchtbarkeit sehr gut.

Der Löwenzahntest

→ Zeichnungen, 4, 5 und 6
Der Löwenzahn ist eine sehr anpassungsfähige Pflanze, die sowohl in nassen, verdichteten Böden wie in leichten und trockenen wächst. Sie reagiert auf die verschiedenen Böden jedoch mit unterschiedlichem Wurzelwachstum und ist deshalb ein guter Indikator für Bodenbeschaffenheiten.
Versuchen Sie eine Löwenzahnpflanze ohne vorhergehende Bodenbearbeitung aus der Erde zu ziehen.

Die Pflanze läßt sich leicht herausziehen (→ Zeichnung 4). Die lange Pfahlwurzel besitzt zahlreiche seitliche Saugwurzeln.
Dies spricht für einen sehr lockeren, gut erwärmbaren Boden, der eventuell zu sandig und trocken ist.

- Abhilfe: Mulchen mit Laub (→ Seite 42), Steinmehl (→ Seite 49), Kompost (→ Seite 28) und Gründüngung (→ Seite 20).

Die Pflanze läßt sich mit einem Unkrautstecher herausziehen (→ Zeichnung 5). Sie können den Löwenzahn nur unbeschädigt entfernen, wenn mit einem Unkrautstecher leicht nachgeholfen wird.
Die Pflanze hat eine kräftige Pfahlwurzel gebildet und besitzt zahlreiche feine Saugwurzeln.
Hier handelt es sich um einen tiefgründigen, humosen, genügend feuchten und durchlüfteten Gartenboden, der sich gut erwärmt und beste Ernten erwarten läßt.

Die Pflanze läßt sich mit einem Unkrautstecher kaum herausziehen (→ Zeichnung 6). Sie haben trotz Unkrautstecher Probleme, die Löwenzahnwurzel unbeschädigt aus dem Boden zu bekommen. Die Erde ist unter Umständen so fest, daß sich der Stecher verbiegt. Die Pflanze bildet oft mehrere verkrümmte statt einer geraden Pfahlwurzel. Die Wurzeln wachsen auch nicht senkrecht nach unten, sondern schräg oder waagerecht zur Seite. Beim Herausziehen brechen leicht Wurzeln ab, zusätzlich haften Erdklumpen an der Pflanze.
Dies ist typisch für verdichtete, kalte und meist wenig belebte Gartenböden. Sie sind sehr schwer und neigen zu Staunässe sowie Krustenbildung.

- Abhilfe: Gründüngung (→ Seite 20) und Mulchen (→ Seite 40).

4 Schlanke Löwenzahnwurzel in sandig-leichtem Boden.

5 In tiefgründig-humosem Boden entwickeln sich kräftige Pfahlwurzeln.

6 In verdichtetem Boden bilden sich oft mehrere verkrümmte, auch zur Seite wachsende, Wurzeln.

Gründüngung – wenig Aufwand, große Wirkung

Die biologische Kur für den Boden

Gründüngung ist eine der Natur abgeschaute Methode, den Boden zu verbessern. Dazu eignen sich manche Pflanzen besonders gut, weil sie die Erde mit ihren kräftigen Wurzeln tiefgründig lockern und ihr durch ihr Laub Grünfutter zukommen lassen, wie zum Beispiel die filigran blühende Phacelia.

Die Gründüngung ist neben der Kompostwirtschaft die wesentliche Maßnahme zur gründlichen und nachhaltigen Verbesserung des Bodens. Was dabei geschieht? Nichts anderes als der zeitweise Anbau spezieller Pflanzen, die mit ihren Eigenschaften und dadurch, daß sie in die Erde eingearbeitet werden, diese nachhaltig verbessern.

Ein Beispiel aus der Natur: Ein Orkan entwurzelt Bäume und legt so den Boden frei. Die Natur sorgt innerhalb kürzester Zeit dafür, daß diese Wunden rasch vernarben. Schnellwüchsige, meist einjährige Pflanzen mit kurzer Keimzeit bedecken innerhalb weniger Wochen wieder den Boden und geben ihm Schutz. Im Winter friert die Pflanzendecke zum Teil ab und düngt den Boden durch ihre Grünmasse.

Ein Beispiel aus der traditionellen Landwirtschaft: Unsere Vorfahren nutzten die Fähigkeit der Wildpflanzen, den Boden zu regenerieren, über viele Jahrhunderte in der sogenannten »Dreifelderwirtschaft«. Zwei Jahre baute man Kulturpflanzen an, im dritten lag das Feld ungenutzt. Das bedeutet aber nicht, daß es nackt blieb, es wurde nur nicht beackert und bestellt. Schon nach einigen Wochen der Brache waren die Felder ohne menschliches Zutun mit einem grünen Kleid, bestehend aus den vielfältigsten Wildkräutern, wieder bewachsen. Der Grund: Die erstaunliche Widerstandskraft so mancher Samen, die Jahrzehnte im Boden »schlummern« können. Nach der Brache wurden die Pflanzen untergehackt beziehungsweise flach eingepflügt. Was war der Sinn dieses Tuns? Zwei Jahre lang wurden in der Dreifelderwirtschaft Kulturpflanzen in Monokultur angebaut, die dem Boden einseitig Nährstoffe entzogen und ihn somit auslaugten. Im dritten Jahr konnten sich bunt gemischt Wildkräuter ausbreiten, den Boden bedecken, ihn lockern und mit Wurzeln und Grünmasse versorgen. Die Leguminosen unter ihnen reicherten die Erde dabei gleichzeitig mit Stickstoff an, der sich an ihren Wurzeln in Form von Knöllchen (› Foto, Seite 23) ablagert. Der Boden schöpfte also im Brachejahr wieder Kraft und konnte seine Fruchtbarkeit regenerieren.

Die Gründüngung heute hat also Vorbilder in der Natur und in der frühen Landwirtschaft. Im Hausgarten verwendet man überwiegend einjährige Gründüngerpflanzen (› Tabelle, Seite 24/25).

Mein Tip: Auf bislang unbestellten oder ausgelaugten Böden empfiehlt es sich, bei der Bodenlockerung vor der Gründüngung einen organischen Volldünger (30 bis 50 g pro m^2) in die Erde einzuarbeiten.

Ein Wintermäntelchen für den Boden.

Das Rotenburger Kombigemenge, eine Leguminosenmischung aus Lupinen, Ackerbohnen, Winterwicken, einjährigen Klee-Sorten und Gräsern ist ein regelrechter Bodendoktor und bestens für schwere, verdichtete Böden und Gartenneuanlagen geeignet. Seine Pfahlwurzeln lockern den Boden tiefgründig und reichern ihn mit Stickstoff an - wie alle Leguminosen. Den Samen bis spätestens Mitte August aussäen (20 - 30 g pro m^2) und nur oberflächlich einrechen. Die Pflanzen den Winter über abfrieren lassen und im Frühjahr in den Boden einarbeiten. Alternative: Ab April aussäen, unbedingt vor der Blüte abmähen und unterhacken.

Was Gründüngung bewirkt

Die grüne Düngung ist eine preiswerte, aber hochwirksame Kur für alle Gartenböden, deren gute Eigenschaften nicht zu unterschätzen sind:

Verbesserte Durchlässigkeit für Luft und Wasser. Die Wurzeln mancher Gründüngerpflanzen wachsen schnell und reißen dadurch selbst schwere Böden auf. Gelockerte Erde wird durchlässiger für Luft und Wasser, und das bedeutet wiederum verbesserte Wachstumsbedingungen. Denn in einem durchlüfteten Boden läuft das Bodenleben viel reger ab, die Erde erwärmt sich rascher als verdichtete, und so entsteht ein rundum gedeihliches Wachstumsklima für alle Pflanzen.

Aufschließung von Mineralien. In tiefen Bodenschichten liegen meist große Nährstoffreserven - auch wenn der Oberboden schon ausgelaugt ist. Tiefgehende Wurzeln können sie lösen und aufschließen. Die Nährstoffe gelangen in die Pflanze und gehen - wird sie nicht geerntet - mit dem Verrotten in den Kreislauf ein.

Organische Anreicherung. Wurzeln und die in den Boden eingearbeitete Blattmasse der Gründüngerpflanzen sind ein üppiges Nahrungsangebot für die Bodenlebewesen, die dadurch beste Bedingungen vorfinden. Mikroben und Würmer vermehren sich stark und wandeln gleichzeitig die eingearbeitete Gründüngung in hochwertige, pflanzenverfügbare Nährstoffe um. Auf diese Weise entsteht neuer Nährhumus zum Wohle kommender Pflanzengenerationen.

Stickstoffanreicherung. Die Hülsenfrüchtler (Leguminosen) unter den Gründüngerpflanzen wie zum Beispiel Bohnen, Erbsen, Klee, Lupinen, Luzerne und Wicken können freien Stickstoff der Luft mit Hilfe von Bakterien binden und in kleinen Wurzelknöllchen ablagern. Dieser Stickstoff steht nach der Gründüngung den Kulturpflanzen in besonders ausgewogener Form (da organisch gebunden) als Nährstoff zur Verfügung.

Schutz der Bodenoberfläche. Gründüngerpflanzen bedecken den Boden - sogar nach dem Frost als abgestorbene Mulchschicht (→ Foto, Seite 21). Damit schützen sie die Oberfläche des Bodens vor Hitze, Kälte und Trockenheit. Die Mikroorganismen können ungehindert ihre Arbeit bis an die Bodenoberfläche ausdehnen. Aber noch mehr: Regentropfen prasseln nicht unmittelbar auf den Boden nieder, er wird also nicht verschlämmt.

Wann Gründüngung besonders zu empfehlen ist

Jeder, der mit der Bodenqualität seines Gartens und mit seinen Ernteerträgen nicht oder nicht mehr zufrieden ist, sollte diese Methode einsetzen.

Auch bei Gartenneuanlagen empfiehlt es sich, vor einer Bestellung eine Gründüngung vorzunehmen. Sie leistet in verhältnismäßig kurzer Zeit (2 bis 12 Monate) wesentlich mehr und ist viel billiger als die üblichen Bodenverbesserer Torf oder Rindenhumus.

Mein Tip: Wurde nach einem Hausbau der künftige Gartenboden durch tonnenschwere Lasten verfestigt, sollten sie ihn vor einer Gründüngungsbehandlung mechanisch »aufreißen« lassen. Es kostet den Raupenfahrer etwa eine Stunde Zeit, wenn er sofort im Anschluß an die Rohplanie den Boden für den späteren Garten wenigstens 80 cm tief mit den Aufreißzähnen lockert. Die geringen Mehrkosten machen sich bezahlt. Durch Baumaschinen verdichtete Böden bräuchten nämlich mehrere Jahre, bis ihre Bodenstruktur auf natürliche Weise wieder normalisiert wäre. Oft wären diese Schäden so überhaupt nicht mehr zu beheben. Als Folgen stellen sich schlechte Wachstumsbedingungen, übermäßige Moosbildung (trotz neutralem pH-Wert) und kränkelnde Pflanzen mit hohem Schädlingsbefall ein.

Nach der tiefgründigen Bodenlockerung mit den Aufreißzähnen ist eine Gründüngung im neuen Garten der beste Start. Besonders geeignet ist das Rotenburger Kombigemenge (→ Seite 20 und Fotos, Seite 21 sowie Seite 23).

Arbeitspraktiken mit dem grünen Dünger

Gründüngersamen brauchen zum Keimen und Wachsen gut vorbereitete Beete oder Gartenflächen. Wer will, kann während der ganzen Vegetationszeit vom Frühling bis zum Herbst aussäen. Bei der Gründüngung von Beeten für Nutzpflanzen gibt es jedoch 2 besonders günstige Aussaat-Zeiten.

Aussaat im späten Sommer. Ab Mitte August sind meist die ersten Beete abgeerntet. Jetzt ist Platz darauf, und die Gründüngerpflanzen, die sich in den Herbst hinein entwickeln, bilden eine bodenfreundliche Schutzhülle den ganzen Winter über. Wählen Sie für die Vorbereitungen zur Gründüngung einen Zeitpunkt, an dem die Erde oberflächlich abgetrocknet ist, aber noch genügend Erdfeuchtigkeit aufweist. Zuerst wird der Boden mit dem Sauzahn oder mit der Grabegabel (→ Seite 50/51) tiefgründig gelockert, dabei entfernt man die Wurzeln mehrjähriger Unkräuter. Anschließend ziehen Sie mit der Rechenrückseite die Beetoberfläche ab und glätten sie. Die Samenmenge variiert je nach Pflanzenart (→ Tabelle, Seite 24/25). Da weder zu dünn noch zu dicht gesät werden sollte, den Samen am besten abwiegen. Er wird breitwürfig ausgestreut und

An den Wurzeln von Leguminosen (hier das Rotenburger Kombigemenge) bilden sich Stickstoffknöllchen.

danach mit den Rechenzinken leicht in die Erde eingeharkt. Gießen ist in der Regel nicht erforderlich. Beste Keimbedingungen herrschen vor, wenn der Boden von oben warm und abgetrocknet ist, von unten her aber Feuchtigkeit besitzt.

Aussaat im Frühjahr. Nach einer gründlichen Durchlüftung im Herbst (→ Seite 50) wird der Boden im Frühling nur noch oberflächlich gelockert. Verzichten Sie nach der Aussaat auf jegliches Gießen, es würde die Bodenoberfläche nur übermäßig abkühlen. Die Folge wäre eine erheblich verlängerte Keimdauer. Sehr vorteilhaft ist es hingegen, wenn man das Beet sofort nach der Aussaat mit einem Vlies beziehungsweise einer Schlitz- oder Lochfolie abdeckt.

Das Rotenburger Kombigemenge bildet viel organische Masse und reichert den Boden mit Stickstoff an.

Bewährte Gründünger-pflanzen

	Lupine, *Lupinus luteus angustifolius*	**Ringelblume** *Calendula officinalis*	**Spinat** *Spinacia oleracea*
Geeignet für	Sandige bis lehmig-sandige Böden, schwach sauer bis neutral.	Lockere bis schwere Böden ohne Staunässe.	Gute, durchlüftete, humose, lehmhaltige Böden.
Wirkung	Tiefe Durchwurzelung und Stickstoffanreicherung.	Wurzelausscheidungen wirken gegen Nematoden. Die Älchen können sich nicht vermehren und gehen zugrunde.	Verzweigtes Wurzelwerk verbessert den Oberboden. Wertvolles Gemüse!
Zur Pflanze	Höhe: 60 - 80 cm, einjährig. Leguminose!	Höhe: 30 - 60 cm, einjährig, nicht winterhart. Samt sich selbst aus. Sehr anspruchslos. Blätter und Blüten für Tees, Salate, Salben nutzbar.	Höhe: 20 - 40 cm, in der Regel winterhart. Keimt nur auf festem Grund, Beet daher nie vor Aussaat lockern.
Aussaat	April bis Anfang September. 20 bis 30 g pro m^2. Saattiefe 2 - 6 cm.	Ab Mitte April. Saattiefe 1 - 3 cm.	Ab März bis Anfang Mai und von Mitte August bis Mitte September. Breitwürfig oder in Reihen (Abstand 20 cm) aussäen. Saattiefe 2 - 3 cm.
Keimdauer	1 - 2 Wochen.	1 - 2 Wochen.	Etwa 10 Tage.

Gelbsenf *Sinapis alba*	**Kapuzinerkresse** *Tropaeolum majus*	**Bienenfreund** *Phacelia tanacetifolia*	**Inkarnatklee** *Trifolium incarnatum*
Lockere bis mittelschwere Böden ohne Staunässe.	Lockere bis mittelschwere Böden ohne Staunässe.	Leichte bis schwere Böden.	Mittlere Böden, schwach sauer bis neutral.
Das beim Keimen freiwerdende Senföl wirkt bodendesinfizierend; wehrt Schnecken ab; raschwüchsig, gut deckend, Unkraut unterdrückend.	Dichtverzweigtes Wurzelwerk verbessert Oberboden und regt Wurmvermehrung stark an. Wird von vielen Schädlingen (Läuse, Weiße Fliege) gemieden. Kräftige Durchwurzelung und Stickstoffanreicherung.	Hinterläßt ausgezeichnete Bodengare. Wurzeln und Stengel werden rasch umgesetzt. Hervorragende Weidepflanze für Bienen und Schmetterlinge.	Gut deckend, tief wurzelnd.
Höhe: 30 - 60 cm, einjährig, nicht winterhart. Gedeiht nicht auf verfestigten, sauren oder zu Staunässe neigenden Böden.	Höhe: 30 cm bis mehrere Meter hoch rankend, einjährig, nicht winterhart. Blätter, Blüten und Samen sind eßbar.	Höhe: 30 - 50 cm, einjährig, nicht winterhart. Blüht von Frühjahr bis Herbst und samt sich selbst aus. Anpassungsfähig und anspruchslos.	Höhe: etwa 25 cm, bedingt winterhart. Leguminose!
Ab März/April. Letzter Termin: Anfang bis Mitte September. 5 g pro m^2, Lichtkeimer! Nur oberflächlich einrechen.	Ab Anfang Mai (frostempfindlich). Samen vor Aussaat über Nacht in lauwarmes Wasser geben. 5 - 6 Samenkörner pro m^2. Saattiefe 2 - 3 cm.	Ab März/April. Letzter Termin: Anfang September. 3 - 5 g pro m^2. Saattiefe 1 - 3 cm.	Ende Juli bis Ende August. 5 g pro m^2. Saattiefe 1 - 2 cm.
Etwa 8 Tage.	Etwa 10 Tage.	Etwa 10 Tage.	1 - 2 Wochen.

Gründüngung mit Kresse: Pflanz-Rondelle ausstechen, Kresse unterheben.

Komposterde und ...

So bändigt man die Gründüngerpflanzen

Haben sich die Gründüngerpflanzen zu einer dichten Pflanzendecke entwickelt, stellt sich die Frage, wie macht man aus diesem »Urwald« ein saat- beziehungsweise pflanzfertiges Beet?

So gehen Sie vor nach der Spätsommer-Aussaat. Lassen Sie die Pflanzen den Winter über auf dem Beet – Frost und Schnee erledigen die meisten Arbeiten für Sie. Im Frühjahr ist die üppige Grün- und Wurzelmasse scheinbar verschwunden. Auf der Beetoberfläche liegen lediglich vertrocknete und erfrorene Stengel. Darunter kann man mit den bloßen Händen die lockere, feinkrümelige Bodenstruktur deutlich fühlen: eine wunderbare Naturgare, ideal zum Einsäen.

Lassen Sie die Pflanzenreste aber möglichst lange auf dem Beet liegen. Sie werden erst einige Tage vor der geplanten Aussaat abgerecht, damit das Beet abtrocknen kann.

So gehen Sie vor nach der Frühjahrs-Aussaat. Im Frühling ausgesäte Gründüngung muß mit beginnender Blüte vom Beet »geräumt« werden. Dazu gibt es verschiedene Möglichkeiten.

- Abmähen, zerkleinern und anschließend unterhacken. Dies empfiehlt sich bei hochwachsenden Pflanzen, die sehr viel Grünmasse bilden. Teile davon können Sie auch unter den Kompost mischen oder zum Mulchen verwenden. Kleine Flächen lassen sich gut mit einer Rasenkantenschere schneiden, größere werden besser mit einer Sichel oder Sense gemäht.

Das ideale Gerät zum Unterhacken ist eine scharfgeschliffene Pflanz- oder Kulturhacke. Damit sind mehrere Quadratmeter große, zuvor abgemähte Flächen in wenigen Minuten untergearbeitet.

- Ausreißen und als Mulchschicht liegenlassen. Dies ist nur bei kleinen Flächen und leichten Böden empfehlenswert, bei schweren Böden oder größeren Flächen jedoch kaum zu bewältigen.

Säen und Pflanzen nach der Gründüngung

Ob Sie Jungpflanzen oder Samen nach der Gründüngung ins Beet bringen wollen - beides ist leicht zu bewerkstelligen. So wird's gemacht:

Aussäen. Nachdem die Gründüngung abgemäht und untergehackt ist, läßt man die Beetoberfläche einige Tage lang abtrocknen. Nun werden die Saatreihen intensiv aufgehackt, so daß die Erde in den Rillen feinkrümelig wird. Dies macht bei rohen Böden noch Probleme,

... Gesteinsmehl zugeben.

Nun können die Rondelle bepflanzt werden - hier ist es Eissalat.

deren Erde meist zu grobklumpig ist. Hier können Sie sich mit reifem Kompost helfen. Ziehen Sie die Saatrillen und füttern Sie sie mit Kompost aus. So erreicht man auch bei noch nicht optimalen Böden ideale Saatbedingungen.

Auspflanzen. Nachdem Sie die Gründüngung abgemäht und untergehackt haben, heben Sie die Pflanzlöcher aus. Je nach den Nährstoffbedürfnissen der Jungpflanzen mischen Sie die Erde in den Pflanzlöchern mit Kompost beziehungsweise organischem Volldünger (→ Seite 49) oder Einzeldünger und bestäuben sie etwas mit Gesteinsmehl. Die Setzlinge werden nun direkt eingepflanzt und behutsam angegossen. Überschüssige Gründüngerpflanzen können zwischen den Jungpflanzen als Mulchschicht liegen bleiben.

Ein Beispiel aus der Praxis: Gründüngung mit Kresse

→ Fotos oben

Gelingt besonders gut auf leichten bis mittelschweren Böden. Vorteile: Kresse - eine Bereicherung auch für die Küche - hat nur eine kurze Keimzeit, bildet aber eine dichte Decke, in deren Zwischenräumen junge Gemüsepflanzen guten Schutz finden.

- Im Frühjahr Beet saatfertig (→ Seite 51) machen.
- 50 g Kresse pro m² auf die Erdoberfläche ausstreuen (Lichtkeimer, nicht mit Erde bedecken!). Ist die Erde genügend feucht, müssen Sie nicht angießen.
- Eine Abdeckung mit Vlies oder Folie verkürzt die Keimzeit und schafft bessere Entwicklungsbedingungen.
- Ist die Kresse gut aufgegangen, markieren Sie mit einem Kübel Pflanz-Rondells (→ linkes Foto, oben).
- Mit der Pflanzschaufel werden diese Rondells etwa 10 cm tief herausgelöst und umgedreht, so daß die Blätter nach unten, die Wurzeln nach oben gelangen.
- Den wurzelfilzigen Erdballen etwas lockern und mit Komposterde etwa 2 cm hoch abdecken.
- Pflanzstellen mit Gesteinsmehl bestäuben (→ mittleres Foto, oben). Werden anschließend starkzehrende Pflanzen eingesetzt, zusätzlich etwas organischen Volldünger oder Hornspäne in die Komposterde mischen.
- Setzlinge (zum Beispiel Salat, Kohlrabi, Brokkoli) einpflanzen (→ rechtes Foto, oben) und kräftig angießen.
- Sobald die Kresse etwa 10 cm hoch gewachsen ist, abschneiden oder ausreißen und als Mulchschicht liegenlassen.

Kompost – Heilmittel für kranke Böden

Als »dunkles Gold der Gärtner« sowie »idealer Boden- und Pflanzendünger genießt Komposterde unter Eingeweihten höchstes Ansehen. Verläuft der Verrottungsprozeß im Kompost optimal, entstehen Temperaturen von bis zu 70 °C, die Sie mit einem Einweck-Thermometer messen können.

Wozu kompostieren?

Während in der freien Natur alle Pflanzen und Tiere von der Erde leben, aber irgendwann wieder von ihr aufgenommen werden, langsam verrotten und die Basis für weiteres Leben bilden (› Zeichnung, Seite 6), ist dieser Kreislauf im Garten unterbrochen. Stattdessen findet meist ein einseitiges Nehmen statt - es wird fortlaufend geerntet. Das gilt für den Gemüsegarten gleichermaßen wie für Blumenbeete und den »gepflegten« Rasen. Damit diese Bodenflächen nicht nur »ausgebeutet« werden, sind Kompostgaben so wichtig. Kompost schließt zum Teil den unterbrochenen Stoffkreislauf im Garten. Er düngt, verbessert und lockert den Boden durch wertvolle Humus- und Pflanzennährstoffe. Zusätzlich aktiviert er das Bodenleben.

Was ist Kompost?

Der Name Kompost kommt aus dem Lateinischen und bedeutet »Zusammengesetztes«. Am besten sind Mischungen aus frischen und abgelagerten sowie aus feuchten und trockenen Materialien. Es gibt aber auch Spezialkomposte (› Seite 36), die vorwiegend aus einem Abfallprodukt (zum Beispiel Laub) bestehen und ganz spezielle Wirkungen besitzen. Komposterde ist also nicht gleich Komposterde. Ihre Qualität ist abhängig von den Ausgangsmaterialien, aber auch vom Verrottungsprozeß selbst.
Mein Tip: Je vielseitiger die kompostierbaren Stoffe sind und je besser sie untereinander vermischt wurden, umso ausgeglichener und wertvoller wird die Komposterde.

Reifer Kompost ist das Endergebnis eines abgeschlossenen Verrottungsprozesses. Man kann ihn als hochwertigen Humus betrachten, der uns wie dieser als dunkelbraune, krümelige Erde in der Hand liegt. Er ist auch daran zu erkennen, daß kaum mehr Regenwürmer in ihm sind. Der Grund: Sie haben die meisten organischen Stoffe vertilgt und in Humus umgesetzt.

Roher Kompost. Hier ist der Rottevorgang noch nicht abgeschlossen. Das Kompostmaterial ist noch nicht erdig. Es wurde nur zum Teil von Bakterien und Regenwürmern vorverdaut. Die organischen Bestandteile überwiegen, die wertvollen Ton-Humus-Komplexe haben sich noch nicht gebildet.

Das spielt sich im Komposthaufen ab

Sauerstoff, Wärme und Feuchtigkeit sind die 3 Grundbedingungen für einen optimalen Verrottungsprozeß. Bei Feuchte und Luftzufuhr verarbeiten Bodenlebewesen organische Abfälle zu neuen Humus-Verbindungen, die uns letztendlich als herrlich duftende Komposterde begeistern. Bei diesem Prozeß erzeugen bestimmte Bakterien aufgrund ihrer gesteigerten Aktivität (Stoffwechsel) Temperaturen, die bis auf 70 °C und darüber steigen können (› Seite 36). Fehlt der für diesen Prozeß dringend benötigte Sauerstoff oder trieft das Kompostgut vor Nässe, kommt es statt zu einer gesunden Rotte zu übelriechender Fäulnis. Dann sind nur anaerobe Mikroben am Werk, die fast ohne Sauerstoff auskommen. Sie erzeugen neben stinkenden Gasen auch Fäulnisgifte, die für Boden und Pflanzen sehr schädlich sind.

Kapuzinerkresse macht aus Kompostmieten einen fröhlich blühenden Blickfang und schützt vor Austrocknung.

Kompostieren - so bitte nicht!
Die landauf, landab praktizierte Kompostiermethode, Küchen- und Gartenabfälle nach und nach auf den Haufen beziehungsweise in den Silo zu werfen, hat entscheidende Nachteile:

- Der Rottevorgang läuft langsam und unkontrolliert ab. Oft entsteht durch Sauerstoffmangel Fäulnis. Gestank, Fliegen und Ungeziefer sind die Folge.
- Gelangt stinkendes, verfaultes Kompostmaterial in den Garten, so ist das für Boden und Pflanzen immer schädlich, weil sich Fäulnisbakterien ausbreiten können.
- Es dauert sehr lange (2 bis 3 Jahre), bis dieser Kompost reif ist.
- Wertvolle Pflanzennährstoffe werden durch Regen und Schnee in tiefere Schichten und letztendlich ins Grundwasser ausgewaschen.
- Dadurch, daß sich bei diesem Verrottungsprozeß keine hohen Temperaturen entwickeln, werden zum Beispiel Krankheitskeime im Kompostmaterial nicht sterilisiert. So bleiben auch fast alle Unkrautsamen keimfähig. Es besteht also die Gefahr, durch solche Komposterde Krankheiten oder Unkraut auf die Beete zu verteilen.

Das dürfen Sie nicht kompostieren
Unorganische Stoffe (wie Steine, Glas, Metall und Plastik), Fleisch-, Fisch- und Käsereste, Knochen, farbig bedrucktes Papier, faule oder mit Konservierungsmitteln behandelte Obst- und Gemüsereste, Kohlstrünke (damit keine Kohlhernie übertragen wird), menschliche Fäkalien.

Kompostieren braucht Platz!

Rechnen Sie mit mindestens 5 m^2 für die Kompostanlage. Sie brauchen:

- Platz fürs Sammeln des Kompostguts.
- Platz für den aufgesetzen Kompost.
- Platz für den reifen Kompost.
- Raum zum Zerkleinern und Mischen des Materials vor dem Aufsetzen.
- Im Idealfall auch noch Platz für Jauchefässer.

Ein günstiger Ort für den Kompostplatz

Er soll vom Garten und von der Küche aus gut zu erreichen sein. Er gehört also nicht in den hintersten Winkel des Gartens.
Der Kompostplatz soll ferner windgeschützt sein, denn kalte und windige Lagen kühlen den Kompost aus und verzögern die Rotte erheblich. Stauden oder Sträucher um die Kompostanlage herum dienen als Windschutz.
Der Kompost braucht Erdkontakt, damit Bodenlebewesen - vor allem Würmer - ungehindert zu- und abwandern können. Der Untergrund darf also weder aus Kies, Beton noch aus Platten bestehen.

Miete, Silo oder Sack?

Für welche Form der Kompostanlage Sie sich entscheiden, hängt sicher vom persönlichen Geschmack, aber auch vom Platzangebot ab.
Frei aufgesetzte Mieten (→ Zeichnung 1) benötigen den meisten Platz, bedeuten aber auch Kraft-, Zeit- und Geldersparnis wie keine andere Form.

1 Die ideale Kompostmiete ist etwa 1,20 m breit, 1 m hoch und mindestens ebenso lang. Hier arbeitet es sich besonders einfach.

Kompostsilos (→ Zeichnungen 2 und 4) können Sie im Fachhandel fertig kaufen oder aus Holzlatten, Draht oder Backsteinen selbst herstellen. Achten Sie darauf, daß man die Bretter zumindest auf einer Seite entfernen kann, sobald der Kompost reif zum Entnehmen ist.
Thermokomposter (→ Zeichnung 3) sind im Fachhandel erhältlich und versprechen auf kleinem Raum in kürzester Zeit (nach etwa 8 Wochen) fertigen Humus.
Kompostsäcke (→ Zeichnung 5) sind vom Raumbedarf her sicher am genügsamsten und können sogar mal hierhin, mal dorthin gestellt werden. Die Kompostiermenge ist allerdings gering.

Das darf kompostiert werden

Gartenabfälle, zum Beispiel Laub, Gras(soden), Wildkräuter, Pflanzenreste, Hecken- und Baumschnitt.
Ausnahme: Kranke Pflanzen, zum Beispiel Kohlstrünke bei Kohlhernie und von Feuerbrand befallene Blätter und Zweige.
Küchenabfälle, zum Beispiel unbehandelte Obst- und Gemüsereste (roh und gekocht), Kaffee- und Teesatz mit Filtertüten, Eierschalen, Küchenpapier.

2 Die ideale Kompostanlage ist immer dreiteilig: Überdachte, regensichere Sammelstelle für das Kompostmaterial, Silo mit aufgesetzten Schichten, Silo mit reifem Kompost.

Sonstige Abfälle, zum Beispiel alte Erde vom Umtopfen, Mist, Haare, Holzasche (keine Kohlenasche!), Holzspäne, Stroh, Einstreu.

Das kommt beim Aufsetzen zwischen die Schichten

Beim Aufsetzen des Kompostes wird das gesammelte Material zerkleinert (→ Seite 33) und in Lagen von 10 bis 15 cm aufgeschichtet. Damit der Rottevorgang beschleunigt wird und hochwertiger Kompost entsteht, wird jede Lage mit natürlichen Zusatzstoffen angereichert. Man streut sie auf das Kompostmaterial und vermengt sie leicht damit.

Organischer Stickstoff bringt die Rotte in Gang. Er kann in verschiedener Form dem Komposthaufen zugegeben werden:

- Blut- oder Hornmehl ist im Fachhandel erhältlich. Streuen Sie pro m^2 Schichtfläche etwa 200 g (das sind 4 bis 5 Handvoll) auf jede einzelne Lage.
- Tierischer Mist ist umso wirksamer, je frischer er ist. Besonders hitzig sind Pferde-, Schaf- und Taubenmist. Davon pro m^2 Schichtfläche 2 bis 3 Schaufeln geben.

Mein Tip: Sofern Sie frischen Dung verwenden, dürfen Sie keinerlei Kalkgaben verabreichen. Frischer Mist und Kalk reagieren chemisch. Dabei wird Stickstoff gasförmig und entweicht, Kalk treibt also den Stickstoff aus.

Gesteinsmehle liefern wertvolle Spurenelemente. Der Gärtner kann sie im Fachhandel (→ Seite 49) kaufen. Die Gesteinsmehle beschleunigen den Rottevorgang und reichern die Komposterde mit vielen Elementen an. Dabei ist besonders die pflanzenstärkende Kieselsäure (Silicium) zu erwähnen. Manche von ihnen – wie Bentonit – besitzen auch Tonminerale.

Geben Sie auf einen m^2 Schichtfläche etwa 500 g. Es kann aber auch mehr sein, denn überdüngen können Sie mit Gesteinsmehlen nicht.

Mein Tip: Kaufen Sie nur ganz fein gemahlenes Gesteinsmehl. Je pudriger, desto nützlicher ist es für den Kompost.

Kohlensaurer Kalk (Düngekalk) oder Algenkalk müssen vorsichtig dosiert werden und dürfen nur zugegeben werden, wenn kein frischer Mist in den Kompost gelangte. Noch besser als kohlensaurer Kalk ist Algenkalk (kohlensaurer Kalk aus Meeresalgen), weil er außer Kalk sehr viele Spurenelemente und zahlreiche organische Substanzen mit hochwertigen Aminosäuren enthält.

Geben Sie auf jeden m^2 Schichtfläche 3 bis 4 Handvoll. Vorsicht: Ein Zuviel an Kalk führt zum raschen Abbau von Humus. Man spricht hier von Kalkschaden.

Mein Tip: Haben Sie den Kompost mit frischem Mist angesetzt, so können Sie einige Wochen später (nach der Hitzephase), zum Beispiel beim Umsetzen (→ Seite 35) den Kalk beimischen. Jetzt kann er sich mit dem schon angerotteten Material nutzbringend verbinden.

3 Der Thermokomposter ist im Fachhandel erhältlich und liefert bereits nach 8 Wochen Humus.

Holzasche liefert Kali. Auch sie sparsam dosieren und wie Kalk nur zugeben, wenn kein frischer Mist verwendet wurde. In der Holzasche sind Kali, Phosphorsäure und Kalk sowie viele Spurenelemente enthalten. Sie ist ein sehr wertvoller natürlicher Mineraldünger, der, wenn er den Pflanzen über den Kompost zugeführt wird, am verträglichsten ist. Streuen Sie pro m^2 Schichtfläche etwa 3 bis 4 Handvoll fein verteilt auf das Kompostmaterial.

Mein Tip: Hüten Sie sich vor Überdosierung. Ein Zuviel an Holzasche veranlaßt wertvolle Helfer (wie die Würmer im Kompost) zum Abwandern.

4 Silo aus Holzlatten, die man an einer Seite wegnehmen kann.

5 Kompostsäcke, falls wenig Material anfällt, wie auf Balkon und Terrasse.

So beginnt das Anlegen der Miete: *10 bis 15 cm hoch das Kompostmaterial aufsetzen. Zuvor muß es jedoch kleingehackt und gründlich miteinander vermischt werden.*

Das kommt über die erste Lage: *Streuen Sie Blut- oder Hornmehl, Gesteinsmehl, Dünge- oder Algenkalk und etwas Holzasche über das Kompostmaterial und mischen Sie es mit der Grabegabel unter. Sie können auf diese Lage auch Brennesseln oder Comfrey geben.*

Die Warmkompostier-Methode
Mit diesem Kompostier-Verfahren erhalten Sie bereits 10 bis 12 Wochen nach dem Aufsetzen reife, wohlriechende Komposterde.

1. Schritt: Kompostmaterial sammeln. Tragen Sie mindestens einen m^3 kompostierbares Material (› Seite 30) zusammen.
- Den Sammelhaufen stets trocken und luftig halten. Vor Regen und Schnee mit einer luftigen Abdeckung schützen, zum Beispiel Bretter über den Silo legen (› Zeichnung, Seite 30). Keine Plastikfolien nehmen, darunter bildet sich Schwitzwasser, und die Luft kann nicht zirkulieren. Regennasse Abfälle können nämlich leicht in unkontrollierte Rotte oder Fäulnis übergehen.
- Sperriges Kompostgut (Äste, Zweige, Stengel) getrennt vom übrigen Material sammeln. Zur späteren Arbeitserleichterung beim Zerkleinern am besten gleich so lagern, daß die dicken Enden nach vorne kommen.
- Nasse Garten- und Küchenabfälle (Rasenschnitt) nicht auf einmal auf den Sammelhaufen geben, darunter stellt sich leicht Sauerstoffmangel (Fäulnis) ein. Sie werden großflächig ausgebreitet und mit Urgesteinsmehl bestäubt.

Sehr zu empfehlen: Größere Rasenflächen an einem sonnigen Morgen mähen und den Tag über lufttrocknen lassen. Dann erst zusammenrechen, anschließend locker und großflächig auf dem Sammelhaufen verteilen.
- Steht Kleintiermist zur Verfügung, so kann man kleinere Mengen davon ebenfalls auf den Sammelhaufen geben und mit Urgesteinsmehl bestäuben. Es bindet Gerüche und hält Fliegen fern. Größere Mengen werden besser erst beim Aufsetzen eingestreut.

2. Schritt: Material zerkleinern.
Zähe, harte und großflächige Abfälle (wie Stauden, Zweige, Äste, Wurzelstrünke, Kraut-, Rhabarber- und Kartoffelblätter) mit einem Beil in etwa 2 bis 10 cm lange Stücke zerkleinern. Bei einem großen Garten lohnt sich ein Schredder. Oder: Mehrere Gärtner schaffen sich gemeinsam - zum Beispiel über ihren Gartenbauverein - einen Häcksler an.
Mein Tip: Häcksler, die das Kompostgut mit einem Hammerwerk zerreißen und auch erdige Wurzelstrünke zerkleinern, sind reinen Messerhäckslern überlegen. Faserig zerrissenes Material verrottet nämlich schneller.

3. Schritt: Zerkleinertes Kompostgut mischen und Faustprobe machen.
Achten Sie darauf, daß grobes Material mit feinem, trockenes mit feuchtem gut vermischt wird. Hilfreich dabei: eine Mistgabel. Diese Mischung wird nun einer Feuchtigkeitsprobe unterzogen, denn die Temperaturentwicklung während der Rotte hängt auch von der Feuchte des Materials ab.
Ist das Material zu naß, dann entsteht zu wenig Wärme, ist es dagegen zu trocken, wird es zu heiß. Mit der Faustprobe läßt sich leicht feststellen, ob der Feuchtigkeitsgehalt stimmt. Man nimmt eine Handvoll gut durchgemischtes Kompostmaterial und drückt es zusammen.
- Bildet sich ein Knödel, so stimmt die Feuchtigkeit.
- Läuft beim Zusammendrücken Wasser heraus, ist das Material zu naß. In diesem Fall muß der Kompost zerteilt, mit trockenem, lockerem Material (Papierfetzen, Hobelspänen, zerkleinerten Zweigen) neu vermischt werden.
- Fällt bei der Faustprobe das Material auseinander, dann ist es zu trocken. Beim Aufsetzen mit Wasser anfeuchten!

Nun wird der Kompost »geimpft«. Geben Sie einige Schaufeln reifen Kompost zu. Damit werden Milliarden von Bodenlebewesen direkt an der Verrottungsstelle angesiedelt.

So wird das Aufsetzen beendet: Die Miete in der Reihenfolge Gartenabfälle, Anreicherungsstoffe und Kompostlagen weiter bis zur Höhe von 1,20 m bauen, dann mit Brennesseln, Stroh oder Laub abdecken, das schützt vor Austrocknung.

Reifer Kompost wird 1 bis 3 cm hoch auf dem Beet verteilt und mit organischem Material (hier Stroh) abgedeckt.

<u>4. Schritt: Komposthaufen lageweise aufsetzen.</u> Ganz gleich, welche Form der Kompostanlage Sie wählen, die Grundfläche sollte mindestens 1 m^2 groß sein. Man beginnt mit dem Lockern der Erde an der Stelle, über der die Miete errichtet werden soll. Dabei die Grabegabel in kleinen Abständen in den Boden stechen und hin und her bewegen. Der Erdkontakt ist wichtig für die Miete, damit Würmer und Bakterien ungehindert zu- und abwandern können. Im gelockerten Boden kann auch das Wasser gut abfließen, und die so geschaffene Bodendurchlüftung fördert den Rottevorgang.

Nun die einzelnen Lagen in dieser Reihenfolge aufsetzen:

- 10 bis 15 cm zerkleinertes, gemischtes Kompostmaterial.
- Naturmineralien und organische Zusätze (‣ Seite 31) untermischen.
- Einige Schaufeln reife Komposterde. Diese sogenannte »Impfung« siedelt sofort Milliarden Kleinstlebewesen an, die unmittelbar mit dem Abbau der Stoffe beginnen und sich dabei explosionsartig vermehren.

Wer keine Komposterde hat, kann stattdessen »Kompoststarter« (im Fachhandel erhältlich) einsetzen. Dies sind in der Regel trockene Bakterien, die sofort aktiv werden, sobald sie mit feuchtem Kompostgut in Berührung kommen.

- Der Rottevorgang wird noch erheblich beschleunigt, wenn Sie zwischen jede Schicht frisch geschnittene Brennesseln legen. Zusätzlich kann man auch beifügen: Beinwell, Löwenzahn, Holunderblätter, Baldrian, Schafgarbe, Kamille, Wermut, Wegerich.

• Nun beginnt die Reihenfolge von vorne. Dabei jede Lage, wie beschrieben, mit den Zusatzstoffen (→ Seite 31) anreichern.
• Insgesamt sollte der frisch aufgesetzte Haufen wenigstens 60 cm, aber nicht höher als 1,20 m sein. Die Miete immer walmförmig aufbauen, so daß das Regen- und Schneewasser seitlich ablaufen kann. Nur in sehr regenarmen Gegenden empfiehlt es sich, oben eine Mulde anzulegen!

5. Schritt: Miete vor Wärmeverlust und Regen schützen. Den frisch angelegten Kompost mit einer Lage von angetrocknetem Gras, feuchtem Stroh oder Laub, Rhabarberblättern, Rupfensäcken oder luftdurchlässigen Teppichen abdecken. Diese Schutzhülle ist erforderlich, damit der Komposthaufen nicht zu sehr von außen abkühlt und gleichmäßig feucht bleibt.
Wer zuviel Nässe befürchtet, kann die Miete zusätzlich zeltförmig mit Fichtenzweigen abdecken. Keinesfalls Plastikfolien verwenden!

6. Schritt: Temperatur messen. Der Wärmeverlauf gibt Aufschluß, ob der Rottevorgang optimal verläuft. Mit einem Stab- oder Einmachthermometer (→ Foto, Seite 28) können Sie die Temperaturentwicklung genau verfolgen. Wenn Sie alles richtig gemacht haben, steigt innerhalb von 24 bis 48 Stunden nach dem Aufsetzen die Temperatur auf 60 bis 70 °C an und klingt nach 3 bis 4 Tagen wieder langsam ab.
Klettert die Temperatur über 70 °C, geben Sie ein paar Gießkannen voll Wasser über die Miete, das drückt die Hitze rasch nach unten. 70 °C sollten nicht überschritten werden, weil sonst das Kompostgut anfängt zu veraschen, dadurch würden Qualität und Menge erheblich beeinträchtigt.

7. Schritt: Umsetzen. In der Praxis hat es sich bewährt, den Kompost etwa 4 Wochen nach dem Anlegen einmal umzusetzen. Dabei soll das äußere Material möglichst nach innen, das innere nach außen gelangen. Durch das Umsetzen wird das zusammengesackte Kompostgut aufgelockert und durchlüftet, der Rottevorgang so nochmals angeheizt.

Wann ist der Kompost reif?

Rohkompost ist etwa 2 bis 3 Wochen nach dem Aufsetzen entstanden. Das Kompostiergut ist bis dahin auf 25 bis 30 °C abgekühlt. Er ist für starkzehrende Pflanzen geeignet, wie Gurken, Kartoffeln, alle Kohlarten, Kürbis, Rhabarber, Sellerie und Tomaten. Wie man ihn verwendet, → Seite 36.
Reifer Kompost hat sich nach weiteren 8 bis 10 Wochen gebildet. Er kann für alle Pflanzen verwendet werden und ist durchgesiebt eine ideale Aussaat- und Anzuchterde.
Die Keimprobe zeigt es an. Sie ist ein einfacher Trick, mit dem Sie problemlos feststellen können, ob der Kompost durchgereift ist:
• Eine flache Schale (Blumenuntersetzer) mit Komposterde füllen.
• Kresse-Samen darauf streuen, leicht andrücken und die Aussaat behutsam anfeuchten.
• Bei 15 bis 25 °C hell aufstellen.
• Nach 2 bis 3 Tagen beginnt die Keimung.
• Entwickeln sich am 5. bis 6. Tag zarte, grüne Blättchen, dann ist die Komposterde reif.
• Fallen die Pflänzchen um oder werden sie gelb, befindet sich der Kompost noch im Stadium des Rohkomposts und ist nicht als Saat- und Pflanzerde geeignet.

Der richtige Umgang mit Komposterde

Beste Komposterde zeigt auf unterschiedlichen Böden mitunter recht unterschiedliche Wirkung.
Achtung - Umstellung! In hochwertiger Komposterde gibt es Milliarden von Kleinstlebewesen, die den Gartenboden fruchtbar machen können, wenn sie auf ihn ausgebracht werden. Das gelingt allerdings nur dann optimal, wenn für die Mikroben und sonstigen Bodentierchen in dieser Erde gute Lebensbedingungen vorherrschen, das heißt, wenn der Boden biologisch intakt ist. Wurde dort zuvor mit chemischen Pflanzenschutzmitteln, Mineraldüngern oder zum Beispiel Schneckenkorn gearbeitet, so ist das biologische Gleichgewicht nachhaltig gestört. Die ursprünglich ansässigen Bodenlebewesen sind ganz oder teilweise vernichtet, die über den Kompost neu angesiedelten Garanten für die natürliche Fruchtbarkeit können sich in der mit Giften und Salzen (Bindemittel für Kunstdünger) belasteten Erde nicht vermehren. Die Komposterde fällt also auf keinen guten Nährboden. Sie wirkt dagegen auf einem naturgemäß bearbeiteten Boden wie Hefe im Brotteig.
Dies sollte sich jeder vor Augen halten, der seinen Garten auf biologische Betriebsweise umstellt. Erwarten Sie in den ersten Jahren keine sofortigen Wunder vom Kompost - sei er auch noch so gut! Ihr Boden muß sich erst nach und nach regenerieren.
So wird Rohkompost ausgebracht. Angerotteter Kompost wird in der Fachliteratur oft auch Mulchkompost genannt, weil er meist als Bodenbedeckung - wie eine Mulchschicht - auf der Erde liegt. Er wird nicht in den Boden eingearbeitet, kann aber ganz leicht mit der obersten Schicht vermischt werden.

So wird reifer Kompost ausgebracht. (→ Foto, Seite 34)

- Optimal ist eine Schicht von 1 bis 3 cm Komposterde pro Jahr, die über das Beet verteilt und oberflächlich leicht eingerecht wird.
- Anschließend mit organischem Material (zum Beispiel mit Stroh, Grasschnitt, zerkleinerten Comfrey- oder Brennesselblättern) abdecken (mulchen!).
- Reife Komposterde also nie »nackt« auf dem Boden liegen lassen. Die für die Fruchtbarkeit verantwortlichen Bodenlebewesen wären so den Temperaturgegensätzen zwischen Tageshitze und nächtlicher Kälte, Wind, Trockenheit und Regen unmittelbar ausgesetzt. Bislang waren sie im Komposthaufen, ähnlich wie die Rotteschicht im Wald unter der schützenden Laub- und Nadelschicht, geborgen. Diese Umstellung wäre für viele Kleinstlebewesen der sichere Tod.
- Reife Komposterde auch nicht tiefer als 5 bis 10 cm eingraben. Es käme für viele Bodenlebewesen einer Beerdigung gleich.
- Besonders wirkungsvoll kann sich Komposterde entfalten, wenn sie im Spätherbst nach der tiefgründigen Bodenlockerung (→ Seite 50) mit der Grabegabel auf das Beet gebracht und anschließend mit Laub, Stroh oder angetrocknetem Gras abgedeckt wird. Den Winter über wird sie verbaut, und ihre Nährstoffe werden für die kommende Vegetationsperiode aufgeschlossen.

Mein Tip: Seit Jahren stelle ich meine Balkonblumenerde aus reifem Kompost mit großem Erfolg selbst her. Hier das Rezept: 2/3 gute Gartenerde, 1/3 durchgesiebter Reifekompost, 2 bis 3 Handvoll Hornspäne und Urgesteinsmehl (pro 1 m Kastenlänge).

Ein Spezialkompost aus Laub

Bei Hausgärtnern spielt der Garten-Mischkompost die wichtigste Rolle. Daneben gibt es eine ganze Reihe von Spezialkomposten, die im wesentlichen auf nur ein Ausgangsmaterial zurückgehen, wie Rasensodenkompost, Strohkompost, Rindenkompost, Mistkompost und Kräuterkompost.
Näher möchte ich hier auf den Laubkompost eingehen, der im Garten äußerst vielseitig verwendet werden kann und leicht aus dem herbstlichen Blättersegen zu gewinnen ist.
Laub bildet wertvolle Humusstoffe, hat aber einen niedrigen Stickstoff- und einen hohen Kohlenstoffgehalt. Es verrottet von Natur aus langsam, je nach Laubart vergehen 2 bis 3 Jahre. Fügt man dem Laub aber natürliche Hilfsstoffe, wie Kompost, Mist, Komposterflocken, organischen Volldünger, Hornspäne oder kohlensauren Kalk zu, so verrottet es innerhalb eines Jahres.
Welches Laub kommt in Frage? Den wertvollsten Kompost bildet Mischlaub, also Laub von unterschiedlichen Bäumen und Sträuchern. Man kann jedoch auch das Laub einer einzigen Gehölze-Art nehmen.

- Eichenlaub enthält einen hohen Anteil an Gerbsäure, die aber während des Rottevorgangs abgebaut wird. Verrottetes Eichenlaub ist nicht sauer, sondern im Gegenteil sehr kalkhaltig.
- Kastanienlaub verrottet sehr langsam.
- Erlenlaub ist stickstoffhaltig und wird daher schnell umgewandelt.
- Pappellaub besser nicht verwenden, es überträgt angeblich Pilzkrankheiten. Bestätigt hat sich das in meiner Praxis noch nicht.

Wozu kann man Lauberde verwenden? Zu vielerlei Zwecken, zum Beispiel als Saat- und Anzuchterde, als Blumenerde und zur allgemeinen Bodenverbesserung. Beerensträucher und Erdbeeren sind für Laubkompost besonders dankbar. Schwere Gartenböden werden damit ebenso verbessert wie leichte, sandige Böden, die mit Humusbestandteilen angereichert und dadurch fruchtbarer werden.

So erhält man innerhalb eines Jahres wertvolle Lauberde

Die Miete wird auf gewachsenem Boden (Erdkontakt) errichtet mit einer Grundfläche von mindestens einem Quadratmeter, besser jedoch mehr.
1. Schritt: Laub sammeln. Am besten eignet sich Mischlaub, das beim Aufsetzen regennaß sein sollte.
2. Schritt: Erste Lage aufsetzen. Das Laub wird lageweise locker aufgeschichtet, wobei jede Lage etwa 25 cm hoch ist.
3. Schritt: Natürliche Hilfsstoffe zugeben. Besonders bewährt haben sich die folgenden 4 Materialien, die alle auf jede Lage Laub gegeben und mit dieser vermischt werden:

- Gesteinsmehl (500 g bis 5 kg pro m^2 Schichtfläche).
- Komposterflocken (die Menge richtet sich nach den Herstellerangaben) oder mehrere Schaufeln Komposterde.
- Mist, Hornmehl oder organischer Volldünger. Dies fördert den Rotteprozeß und reichert den Laubkompost mit Stickstoff an.
- Algenkalk oder ein anderer kohlensaurer Kalk (3 bis 4 Handvoll pro m^2). Der leichte Säuregehalt von Laubkomposterde (pH-Wert 6) wird damit neutralisiert. Wird frischer Mist verwendet, muß auf Kalk verzichtet werden.

4. Schritt: Miete aufschichten. Abwechselnd Laub und Hilfsstoffe aufsetzen, bis die Miete etwa 1,5 m hoch ist. Sie sackt im Verlauf von einigen Wochen um etwa die Hälfte zusammen.

Wird die Miete richtig angelegt, verrotten große Laubmengen in einem Jahr zu bestem Laubkompost.

Im Herbst aufgesetzt, erhalten Sie bereits im Frühjahr des folgenden Jahres angerottetes Laub, das zum Mulchen von Erdbeeren und Sträuchern verwendet werden kann. Wer ein Jahr wartet, hält im Herbst wohlriechende Lauberde in Händen.

Rindenkompost selbst gemacht
Aus Baumrinden verschiedenster Gehölze kann leicht wertvoller Rindenhumus gemacht werden. Sie gehen genauso vor wie unter Laubkompost (‣ Seite 36) beschrieben, allerdings sollte die Schichthöhe der einzelnen Lagen nur 10 bis 15 cm betragen. Dazwischen kommen Gesteinsmehl, kohlensaurer Kalk und Hornmehl. Sie werden mit jeder Rindenlage etwas vermischt. Miete nach ein paar Monaten umsetzen. Nach etwa einem Jahr hat sich die begehrte Walderde gebildet.

Ein m^3 Lauberde besitzt mehr Humusstoffe als 12 große Torfballen zu je 300 l.

Mischkultur und Sommerblumen bringen Abwechslung und Farbe in jeden Gemüsegarten. Hier der Biogarten des Autors. Fast nirgends ist der blanke Boden zu sehen. Dicht, sinnvoll und sinnlich bepflanzt, bringt dieses Stückchen Erde reiche Ernte hervor und beweist, daß ein intensiv biologisch bewirtschafteter Nutzgarten keineswegs langweilig ist. Fröhliche Glanzlichter setzen ihm die heilkräftigen Ringelblumen und Tagetes auf. Die ans Vorbild der Natur angelehnte Anbaumethode der Mischkultur wird von immer mehr Gärtnern bevorzugt. Was macht diese Methode so wertvoll?

- Sie ermöglicht reiche Ernten auf kleinem Raum.
- Durch dichtes Bepflanzen ist der Boden fast ganz bedeckt und dadurch vor Verkrustung und Verschlämmung geschützt.
- Der Boden wird nicht einseitig ausgelaugt, die große Pflanzenvielfalt verbessert langfristig die Bodenstruktur.
- Unkraut kann sich weniger frei entfalten, Hacken und Jäten - zum großen Teil auch Mulchen werden überflüssig.
- Der Schädlingsbefall ist erheblich vermindert.
- Haltbarkeit und Geschmack von Gemüse werden verbessert.

Eine schützende Haut für den Boden

Das Mulchen bringt eine neue Optik in den Garten. Nur selten blickt uns noch blanke Erde entgegen, denn sie gilt es mit einer organischen »Decke« zu schützen und zu heilen. Deshalb sollte sich das an herkömmliche Gartenordnung gewöhnte Auge rasch an diese naturnahen Bodenbedeckungen gewöhnen.

In der unberührten Natur legen sich abgestorbene Tier- und Pflanzenreste mit der Zeit wie ein schützender Mantel über den Boden. Sie bewahren ihn vor Erosion durch Wasser, Frost und Wind, verhindern Verschlämmung und Verkrustung, Temperaturgegensätze werden abgeschwächt, Platzregen abgefedert. In dieser Geborgenheit bleibt der Boden locker und feucht. Zugleich laufen zwischen Erdoberfläche und den organischen Resten die gleichen Wandlungsprozesse wie in einem Komposthaufen ab. In der Natur sind also Blätter und andere organische Reste schützende Bodenbedeckung und nährende Rotteschicht in einem und bilden somit den Schlüssel für die Dauerfruchtbarkeit des Bodens.
Der biologische Gärtner lehnt sich mit seinem Tun ans Vorbild der Natur an und nennt es Mulchen.

Was ist Mulchen?

Beim Mulchen werden zerkleinerte organische Abfälle auf der Beetoberfläche verteilt, damit kein »nackter« Boden der Witterung ausgesetzt ist. Außerdem trägt es dazu bei, daß sich Pflanzennährstoffe und Humus bilden.

So wird's gemacht:

- Die Mulchschicht frühestens ausbringen, wenn die Jungpflanzen etwa 10 cm hoch sind, also nicht gleich nach dem Säen.
- Die Erde grundsätzlich vorher mit der Grabegabel, dem Sauzahn oder der Hacke lockern, denn für den Rottevorgang wird Sauerstoff benötigt.
- Dabei die Wurzeln mehrjähriger Unkräuter entfernen und auf den Kompostsammelhaufen werfen.
- Auf den gelockerten Boden wird nun bei schwachzehrenden Pflanzen einmal jährlich eine dünne Schicht (etwa 1 cm hoch) reife Komposterde aufgetragen. Mittelzehrer erhalten 1 bis 2 cm Komposterde oder organischen Volldünger (60 bis 80 g pro m^2), Starkzehrer rohen Kompost (Schichthöhe 3 bis 5 cm) oder organischen Volldünger (100 bis 120 g pro m^2).
- Darüber stäuben Sie Naturmineralien, wie Gesteinsmehl, Algenkalk und bei Wurzelgemüse und Beeren Holzasche.
- Erst jetzt wird die Mulchschicht aufgebracht. Was sich dazu eignet und wie dick die jeweiligen Lagen sein sollten, erfahren Sie im Abschnitt »Mulchmaterialien und der richtige Umgang damit«, → Seite 42.

Die Pflege gemulchter Flächen.
Die Mulchschicht muß den Sommer über von Zeit zu Zeit ergänzt werden. Wie lange es dauert, bis eine Mulchschicht verrottet ist, hängt von der Höhe ab, in der sie aufgetragen wurde, vom Mulchmaterial und von der biologischen Aktivität des Gartenbodens. Grüne und feuchte Pflanzenteile (wie Gras oder Brennesseln) werden schneller zu Humus als trockene, holzige Stoffe (wie Stroh oder Laub). Ehe neues Material aufgelegt wird, lockern Sie den Boden gründlich.
Bei lange anhaltender Trockenheit kann es vorkommen, daß die Erde unter der Mulchschicht langsam austrocknet und gegossen werden muß. Dann wird die Beetfläche einfach gründlich überbraust (etwa 20 Liter pro m^2).
Wem Schnecken und Wühlmäuse das Leben schwer machen, sollte Mulchmaterial nur dünn und dafür entsprechend öfter ausbringen. Unter einer dicken Mulchschicht, die über mehrere Monate liegt, können sich die Plagegeister ungestört vermehren.

Stroh - Bodenschutz im Sommer. ▷
Bevor die Mulchdecke aufgebracht wird, muß der Boden (wie hier mit dem Sauzahn) gelockert werden. Sehr zu empfehlen: Vor dem Mulchen Gesteinsmehl oder Algenkalk leicht in den Boden einarbeiten.

Vorteile für Gärtner und Garten

Weniger hacken. Die Erde bleibt unter der Mulchschicht feucht und locker. Sie verschlämmt und verkrustet nicht, aufwendiges Hacken entfällt.

Weniger gießen. Sie müssen auch weniger Zeit fürs Gießen aufwenden, denn unter der schützenden Mulchschicht bleibt die Erde länger feucht, weil die Verdunstung reduziert wird.

Weniger Unkraut. Sie haben beträchtlich weniger »unerwünschte Gäste« im Beet, denn Wild- und Unkräuter können unter der Mulchschicht nur schwer keimen und werden beim Wachsen behindert. Dies bedeutet weniger mühsames Hacken und Jäten.

Saubere Ernte. Ganz gleich, ob es sich um Erdbeeren (→ Foto, Seite 40), Salat oder anderes Gemüse handelt - durch die Mulchschicht bleibt alles bis zur Ernte sauber. Es gibt auch bei starken Regengüssen keine Verunreinigung durch Spritzer.

Bessere Wachstumsbedingungen. Die organische Bodenbedeckung verrottet langsam. In ihr finden die nährstoffumsetzenden Bodenlebewesen beste Lebensbedingungen, setzen vermehrt pflanzenverfügbare Nährstoffe frei und verbessern die Humusqualität. Sie sparen damit Geld für Handelsdünger, entlasten die Umwelt und erzielen reiche Ernten.

Mulchmaterialien und der richtige Umgang damit

Zum Mulchen lassen sich sehr viele organische Gartenabfälle verwenden. Man muß allerdings wissen, daß die einzelnen Mulchmaterialien für verschiedene Pflanzen unterschiedlich gut geeignet sind und auch als Mulchschicht unterschiedlich dick aufgebracht werden sollen.

Gras. Rasenschnitt ist ein hochwertiges Mulchmaterial. Es eignet sich für alle Obst- und Gemüse-Kulturen, für Staudenbeete, Sträucher, Hecken und Baumscheiben.

- Frisch gemähtes Gras darf nur millimeterdick, also schleierartig ausgebreitet werden, damit es den Boden nicht »luftdicht« abdeckt. Zu leicht bilden sich sonst statt Rotte unerwünschte Fäulnisbakterien, die einen üblen Geruch und giftige Stoffe erzeugen.
- Angetrocknetes Gras, das man einige Stunden an der Luft trocknen ließ, kann man je nach Restfeuchtigkeit etwa 3 bis 6 cm hoch über den Boden verteilen.

Mein Tip: Nehmen Sie zum Mulchen keine samentragenden Gräser, Sie holen sich damit ein Stück Wiese ins Beet.

Herbstlaub. Ist wertvolles organisches Material, das sich besonders gut zum Mulchen von Beerensträuchern und Erdbeeren eignet. Diese ehemaligen Waldrandbewohner schätzen das leicht saure Milieu. Auch unter Baumscheiben und Hecken leistet Herbstlaub gute Dienste. Schwere Gartenböden werden durch eine dicke Laubschicht gelockert.

- Laub am besten nur auf Beete aufbringen, auf denen Sie im nächsten Frühjahr Jungpflanzen setzen, denn es verrottet den Winter über bis zum Frühjahr nur zum Teil. Dies ist selbst dann der Fall, wenn Sie es im Herbst mit Kompost oder Komposterflocken, die die Rotte beschleunigen, impfen. Beete, die für eine Aussaat vorgesehen sind, nicht mit Laub bedecken, denn die feinen Samenkörner finden zwischen unverrottetem Laub keine guten Startbedingungen.
- Damit das Laub sicher auf den Beeten liegenbleibt, muß es feucht (am besten regennaß) und dick (Lagenhöhe 12 bis 15 cm) aufgeschichtet werden. Dann verkleben die Blätter so miteinander, daß sie kein Sturm wegfegen kann. Noch sicherer bleibt Ihnen in stürmischer Zeit die Blätterschicht erhalten, wenn Sie sie zusätzlich mit Tannenzweigen beschweren.

Mein Tip: Das frische Laub von Roßkastanien, Eichen und Walnußbäumen ist als Mulchmaterial für Gemüse nicht geeignet. Beim Verrotten werden Gerbsäuren frei, die wachstumshemmend auf viele Pflanzen wirken. Diese Laubarten können Sie jedoch gut kompostieren (→ Seite 36).

Getreidestroh. Es eignet sich hervorragend zur Beetabdeckung im Winter und zum Mulchen zwischen Erdbeeren.

- Die Stroh-Mulchschicht sollte 8 bis 12 cm dick sein.
- Da Stroh sehr langsam rottet, muß man es im Frühjahr etwa 14 Tage vor der Aussaat vom Beet rechen, damit der Boden oberflächlich abtrocknet und sich erwärmt (→ Zeichnung 5, Seite 51). Mit dem überschüssigen Stroh kann man die Wege zwischen den Gartenbeeten auslegen (→ Foto, Seite 43). Was dann noch zu viel ist, kommt auf den Kompostsammelhaufen.

Mein Tip: Verwenden Sie nur Stroh von biologisch wirtschaftenden Betrieben, das nicht mit Giften gegen Pilze und Unkräuter oder chemischen Mitteln zur Verkürzung der Halme behandelt wurde.

Heckenschnitt und zerkleinerte Gartenabfälle. Schnittgut von Laubhecken und zerkleinerte, grüne Gartenabfälle können ebenfalls als Mulchmaterial ausgebracht werden: Schnittabfälle von Hecken geben Sie auf Baumscheiben und unter Sträucher, zerkleinerte Gartenabfälle verteilt man unter starkzehrenden Pflanzen wie Tomaten, Gurken oder Kohl.

Stroh eignet sich zum Mulchen ebenso wie zum Abgrenzen von Beeten.

<u>Rindenmulch.</u> Frische, zerkleinerte Rinde rottet sehr langsam. Auch hier werden beim Zersetzungsprozeß Säuren frei, die von vielen Kulturpflanzen nicht vertragen werden. Gut geeignet ist Rinde als Mulchmaterial zwischen Staudenbeeten und Gehölzen, wo es Unkrautwuchs unterdrückt, aber auch für Beerenobst und Gartenwege. Schichten Sie Rindenmulch zwischen 5 und 12 cm hoch.
Mein Tip: Rinde kann gut zu Rindenhumus (‣ Seite 53) kompostiert werden.

<u>Brennesseln.</u> Sie liefern wertvolle Mineralstoffe wie Stickstoff, Kieselsäure sowie Spurenelemente und verrotten rasch. Brennesseln sind ideales Mulchmaterial für starkzehrende Gemüse-Arten wie Kohl, Kartoffeln und Gurken.

- Die Pflanzen im Frühsommer mähen oder schneiden und zerhacken.
- Dann etwa 5 cm hoch frisch auf den Beeten verteilen.

Mein Tip: Nehmen Sie grundsätzlich nur Pflanzen vor der Blüten- oder Samenbildung, damit sie sich nicht in Ihrem Gemüsebeet einnisten.

Comfrey. Besonders gut für Tomaten und Wurzelgemüse.
Neben vielen Spurenelementen ist Comfrey besonders reich an Kalium und Stickstoff. Etwas weniger gehaltvoll ist der bei uns wildwachsende Beinwell.

- Die Comfrey-Blätter können mehrmals im Jahr von einer Pflanze genommen werden. Sie werden zerhackt als Mulchdecke verwendet.
- Die Mulchschicht sollte etwa 2 bis 5 cm hoch sein.

Mulchen mit Pappe und Kartonagen

Pappe und Kartonagen sind weniger zum Mulchen zwischen Gemüsepflanzungen geeignet. Aber Sie können damit unerwünschten Wildkräutern in Ihrem Garten, zum Beispiel dem ausläufertreibenden Giersch, Quecken oder Disteln den Garaus machen. Dabei geht man folgendermaßen vor:

- Den Boden mit der Grabegabel lockern und dabei möglichst viele Unkrautwurzeln entfernen.
- Die bearbeitete Fläche mit Pappe, Kartonagen oder Zeitungen (keine Buntdrucke oder verleimten Kartonagen verwenden!) dicht und mehrlagig bedecken.
- Darüber eine 20 bis 25 cm dicke Schicht Stroh, Laub oder angetrocknetes Gras mit Sägespänen vermischt ausbringen.
- Kartonagen und Deckschicht müssen an jeder Seite einen halben Meter über die verkrautete Fläche hinausreichen, damit die Wildkräuter nicht seitlich durchtreiben.
- Nach einem Jahr sind Pappe und Deckmaterial verrottet und die lästigen Unkräuter wegen Licht- und Sauerstoffmangel verschwunden. Zurück bleibt ein lockerer, humusreicher Boden!

Wie ein Gemüse-Bukett. Kohlarten in Mischkultur mit Möhren (vorne links), Sellerie (rechts und links), Tomaten (Mitte), Rote Bete und Buschbohnen (hinten).

Tricks rund ums Mulchen

Hier noch einige Beispiele, die die Vielseitigkeit dieser einfachen Gartentechnik belegen.
Unkrautfreie Wege. Mit Pappe und Kartonagen kann man auch die Wege zwischen den Gartenbeeten auslegen und zum Beispiel mit Rindenmulch oder Stroh bedecken.
Junge Obstbäume. Sie entwickeln sich in den ersten Jahren wesentlich besser, wenn Sie den Boden bis über den Traufenbereich hinaus offen halten. Mit einer ständigen Mulchschicht gelingt das ohne Mühe. Achten Sie aber darauf, daß die Veredelungsstelle (die Verdickung unten am Stamm) nicht abgemulcht wird. Die Saugwurzeln von Bäumen befinden sich nicht am Stamm, sondern im Traufenbereich. Hier bewirken der lockere Boden und die fortwährende Nährstoffversorgung eine gute Entwicklung.
Achtung - Vögel. Sie suchen gerne in frisch gemulchten Beeten scharrend nach Nahrung. Das läßt sich verhindern, wenn man die frisch gemulchten Beete mit einem Netz oder Fichtenzweigen abdeckt.
Schnecken. Wenn Sie unter Schneckeninvasionen zu leiden haben, sollten Sie Mulchmaterial nur angetrocknet (nicht frisch) und dünn, dafür aber öfter ausbringen. Unter einer dicken Mulchschicht, die über mehrere Monate liegt, können sich die Plagegeister ungestört entfalten und vermehren.
Wühlmäuse. Sie fühlen sich unter dicken Mulchdecken besonders wohl. Wer sie bei sich entdeckt, mischt frische Holunder- oder Thujenblätter und -zweige unter seine Mulchdecke. Die Nager meiden damit gemulchte Beete.
Besser nicht mulchen, wenn Sie in einer niederschlagsreichen Gegend wohnen und Kulturen angebaut haben, die einen trockenen Boden bevorzugen, wie Knoblauch oder Zwiebeln. Statt dessen sollte dieser Boden nach jedem Regen gehackt werden.

Was versteht man unter Flächenkompostierung?

Die Flächenkompostierung ist eine dem Mulchen sehr ähnliche Methode. Was sie davon unterscheidet, ist zweierlei:

- Man nimmt generell nur rasch verrottbare Materialien, wie zerkleinerte Ernterückstände, Rohkompost, angetrockneten Rasenschnitt oder Laub mit Hornmehl vermischt.
- Diese Stoffe werden auf dem Beet mit dem Oberboden vermischt, was den Rotteprozeß beschleunigt.

Die Kompostierung findet also direkt auf dem Beet statt - wenn auch nicht unter so hohen Temperaturen wie im Komposthaufen. Dies hat Konsequenzen für den Gärtner: Nehmen Sie keine samentragenden Unkräuter oder kranke und von Schädlingen befallene Pflanzenteile zum Flächenkompostieren. Während sie bei den hohen Temperaturen in der Kompostmiete sterilisiert werden, bleiben sie bei der kühler verlaufenden Rotte auf dem Beet aktiv. Schlecht geeignet sind ferner langsam verrottende Materialien wie Schalen von Bananen, Zitrusfrüchten und Eiern.
Mein Tip: Im Herbst nach der tiefgründigen Bodenlockerung (→ Seite 50) ist eine besonders günstige Zeit für die Flächenkompostierung, zum Beispiel mit Herbstlaub als Alternative zum Laubkompost (→ Seite 36).

Pflege und Futter für Boden und Pflanzen

Auch bei der Bearbeitung und Nährstoffversorgung des Bodens geht der Biogärtner Wege, die ihm die Natur weist. Keine Eingriffe, die das Bodenleben stören oder vernichten, kein synthetisch hergestelltes Pflanzenfutter, heißt seine Devise. Der Sauzahn zum Lockern des Bodens ist eines seiner wichtigsten Hilfsmittel.

Wer umgräbt, arbeitet gegen die Natur

In der unberührten Natur wächst und gedeiht vom winzigen Kräutlein bis zum mächtigen Baum seit vielen Millionen Jahren alles, ohne daß je umgegraben wurde. Im Garten ist das anders: Seit Generationen gehört es für viele Gärtner zur »ordentlichen Gartenbestellung«, im Herbst und Winter die Beete grobschollig umzugraben. Der Grund: die Frostgare.

<u>Was geschieht bei der Frostgare?</u>
Über den Winter frieren die im Herbst grobschollig umgegrabenen, mit Feuchtigkeit durchdrungenen Erdklumpen steinhart. Eis hat ein um ein Zehntel größeres Volumen als Wasser, dadurch wird die Erde gedehnt. Im Frühjahr, wenn der Frost aus dem Boden weicht, fällt die aufgeweitete Erde auseinander. Der Frost hat sie mürbe gemacht. So entstehen zunächst ideale Saatbedingungen.

Doch spätestens nach ein paar Wochen zeigen sich die Schattenseiten. Bereits nach dem ersten Regen verschlämmt die Erde, das heißt, sie wird verdichtet. Die Frostgare ist zerstört. Das kommt dann besonders deutlich ans Licht, sobald die Bodenoberfläche abtrocknet. Die ersten Risse in der Erde werden sichtbar. Nach einigen Tagen Trockenheit können sie breiter als ein Zentimeter werden. Kein Wunder, daß ein solcher Boden eher an eine Wüste als an fruchtbare Erde erinnert!

Die Frostgare ist nur eine Scheingare. Durch sie wird die Bodenstruktur mehr gestört als gefördert: Das Bodenleben wird zum Teil vernichtet und damit auch die Krümelstruktur, die Fruchtbarkeit ist vermindert.

<u>Die Naturgare - Ziel des Biogärtners.</u>
Der reife, feinkrümelige, gut durchlüftete Boden ist das, was jeder Biogärtner ersehnt. Alle bereits besprochenen Maßnahmen, wie Gründüngung (› Seite 20), Kompostieren (› Seite 28) und Mulchen (› Seite 40) wirken auf einen garen Gartenboden hin. Dazu kommt die richtige Bodenpflege im Frühjahr und Herbst. Schon innerhalb weniger Jahre läßt sich damit der Boden nachhaltig verbessern. Daß man dabei seine gewachsene Struktur nicht mit dem Spaten auf den Kopf stellen darf, versteht sich von selbst. Das Bodenleben und die Humusstruktur würden aus ihren organischen Verbänden gerissen. Anstelle mit dem Spaten, dem »Wurmfallbeil«, sollte der Boden mit der Grabegabel oder dem Sauzahn gelockert werden (› Seite 50). So gelangt der benötigte Sauerstoff in die Erde, ohne Schichten und Strukturen zu zerstören.

Grundsätzliches über Düngung

Nur allzu oft spiegelt sich pure Ratlosigkeit auf den Gesichtern der Hobbygärtner, wenn sie in Gartencentern vor den reichgefüllten Regalen mit Düngemitteln stehen. Das Angebot ist wahrhaft riesig und verwirrend - nicht jedoch für den biologisch interessierten Gärtner, der einmal die Grundsätze verstanden hat. Alle Düngemittel lassen sich in 3 Gruppen einteilen:

<u>Synthetische Mineraldünger.</u> Sie heißen auch Kunstdünger, weil sie durch chemische (künstliche) Verfahren hergestellt werden. Diese Nährsalze sind leicht wasserlöslich und so aufbereitet, daß sie von den Pflanzen direkt und schnell aufgenommen werden können. Wer mineralisch düngt, ernährt seine Pflanzen, nicht aber den Boden. Die Gefahr der Überdüngung ist groß - und damit die der Bodenversalzung, denn synthetische Dünger bestehen etwa zu 70% aus Salzen. Die Bodenlebewesen wandern aus oder sterben ab, besonders für Regenwürmer bedeutet Salz den sicheren Tod. Die Humusschicht nimmt dabei stetig ab und mit ihr die natürliche Fruchtbarkeit, was viele Gärtner durch eine noch höhere Düngerdosis auszugleichen versuchen. Diese Böden werden langsam aber sicher zu Tode gedüngt.

Werkzeuge zur Bodenbearbeitung.
(von links nach rechts)
- *Pflanz- und Saatschnur zum exakten Säen und Pflanzen.*
- *Doppelhacke, zum Lockern, Lüften und Jäten.*
- *Rechen, zum Einarbeiten von Dünger ins Beet, zum Glätten der Beetoberfläche vor dem Pflanzen, zum Zusammentragen von Gartenabfällen aller Art.*
- *Sauzahn, zum Lockern, Lüften und Jäten.*
- *Krail, zum Lockern.*
- *Spaten, zum Abstechen von Beetkanten, zum Teilen von Stauden, für die Spatenstrukturprobe.*
- *Grabegabel, zur tiefgründigen Bodenbearbeitung, zum Ausgraben von Wurzelgemüse, zum Verpflanzen mit Wurzelballen, zum Auf- und Umsetzen des Komposts, zum Verteilen von Mist.*
- *Unkrautstecher.*
- *Pickel, zum Lockern verfestigter oder steiniger Böden.*
- *Schubkarre.*

Mein Tip: Sehr hilfreich beim Abtragen von Rasensoden, beim Pflanzen von Sträuchern und Bäumen, beim Abschlagen von Wurzeln und beim Unterhacken von Gründüngung ist die nicht abgebildete Kreuz- oder Pflanzhaue, die auch Wiedehopfhacke genannt wird.

Über dieses Werkzeug-Sortiment sollte jeder Biogärtner verfügen.

Organische Dünger bestehen aus tierischen oder pflanzlichen Stoffen, wie Kompost, Mist, Hornspäne, Blut-, Knochenmehl oder Guano. Sie können nicht direkt von den Pflanzen aufgenommen werden, sondern müssen zuerst durch den Magen der Bodenlebewesen wandern. Dadurch werden sie für Pflanzen aufgeschlossen. Wer organisch düngt, ernährt also den Boden und fördert seine biologische Aktivität. Nur durch organische Düngung werden so wichtige Stoffe wie Huminsäuren und Humus gebildet, die für die Gesundheit der Pflanzen maßgeblich sind.
Organisch-mineralische Dünger sind Mischdünger aus organischen Abfallprodukten und synthetisch erzeugten mineralischen Düngesalzen.
Wem es um die Gesundheit seines Bodens und damit seiner Pflanzen geht, wird rein organischer Düngung den Vorzug geben - unterstützt durch natürliche Mineraldünger, wie kohlensaurer Kalk, Algenkalk, Gesteinsmehle, Asche und Ruß. Und hierbei haben Sie die Wahl zwischen konfektionierten Handelsdüngern und selbstaufbereiteten Düngemitteln.

Biologische Handelsdünger

Gerade Neulinge unter den Biogärtnern werden dankbar sein, in der ersten Phase des Einarbeitens auf fertige organische Düngung (→ Tabelle, Seite 49) zurückgreifen zu können. Vor allem bei Garten-Neuanlagen stehen oft Kompost und Mulchmaterial noch nicht in ausreichender Menge zur Verfügung. Das gleiche gilt auch für Gärtner, die bislang konventionell gearbeitet haben und auf naturverträgliche Wirtschaftsweise umstellen oder für Stadt- und Schrebergärten mit kleinen Gartenflächen, die sehr wenig Kompost und Mulchmaterial abwerfen. Weitere Vorteile:

- Gründüngerpflanzen erzeugen sehr viel mehr Blatt- und Wurzelmasse, wenn der Gartenboden vor der Aussaat mit einem rein organischen Handelsdünger angereichert wird.
- Mit stickstoffhaltigen organischen Düngern, wie Hornspäne, Horn- und Blutmehl können Sie den Rottevorgang im frisch aufgesetzten Komposthaufen beschleunigen.
- Düngt man starkzehrende Pflanzen in der Hauptwachstumsphase zusätzlich mit Horn- oder Blutmehl, ergibt das besonders reiche Ernten.

Informieren Sie sich gut! Diese Vorzüge sprechen für sich, aber es ist nicht alles Gold, was glänzt. Biologische Handelsdünger werden oft aus Abfällen der Massentierhaltung hergestellt, können also von Tieren stammen, denen einseitiges Mastfutter, Hormone oder Antibiotika verabreicht wurden. Aus diesem Grund empfehle ich jedem engagierten Biogärtner, unbedingt seinen Kompost, aber auch wichtige Dünger selbst zuzubereiten. Tierischer Mist von biologisch wirtschaftenden bäuerlichen Betrieben und Pflanzenjauchen liefern wertvolle Boden- und Pflanzennährstoffe.

Rindermist

Frischer, strohiger Mist kann im Herbst nach der Bodenlockerung (→ Seite 50) direkt auf Gartenbeete verteilt werden, aber nur dort, wo im folgenden Jahr Pflanzen mit hohen Nährstoffbedürfnissen (Starkzehrer) angebaut werden. Den Mist niemals eingraben, denn bei schweren Böden besteht die Gefahr, daß er wegen Sauerstoffmangels nicht verrottet, sondern vertorft. Damit er nicht austrocknet und verkrustet, wird er stets mit einer Mulchschicht aus Stroh, altem Heu, Rasenschnitt oder ähnlichem den Winter über abgedeckt.
Kompostierter Mist. Wird der frische Mist dem Komposthaufen zugegeben (→ Seite 31) und wandert durch dessen »Magen«, dann ist dieses Produkt besonders pflanzenverträglich und auch für schwach- und mittelzehrende Gemüsepflanzen geeignet.
Frische Kuhfladen lassen sich gut verjauchen. Dazu ein Faß zur Hälfte mit Fladen, zur andern Hälfte mit Regenwasser füllen, und alles zu einem sämigen Brei verrühren. Während der Gärung öfters umrühren. Nach etwa 2 bis 3 Wochen ist die Jauche durchgegoren und kann pur zum Gießen für Starkzehrer verwendet werden - aber nur während der Hauptvegetationszeit und höchstens bis 6 Wochen vor der Ernte.
Mein Tip: Arbeiten Sie auch bei starkzehrenden Pflanzen nicht ausschließlich mit Kuhmist. Diese Düngung ist einseitig und fördert Schädlinge, wie Drahtwürmer und Erdraupen. Gut ist ein jährlicher Wechsel mit Kompost.

Pferdemist

Ist im Gegensatz zu Kuhmist ein hitziger Mist. Frische Pferdeäpfel verwendet man als »Fußbodenheizung« für Frühbeete. Ansonsten wird er ausschließlich über den Komposthaufen zu bester Gartenerde verwandelt.
Mein Tip: Wärmebedürftige Pflanzen, wie Gurken, Tomaten, Zucchini, gedeihen besonders gut, wenn man unter das Pflanzloch etwas frischen Pferdemist als Heizung eingräbt.

Organische Handelsdünger und ihre wichtigsten Pflanzennährstoffe

Bezeichnung	Stickstoff (N)	Phosphorsäure (P_2O_5)	Kalium (K_2O)	Kalk (Ca)	Spuren-elemente	Organische Substanz
Organische Volldünger	7–9	12	0,3	13	einige	bis 65
Hornspäne/Hornmehl	12–14	5	–	6	wenige	bis 75
Knochenmehl	3–4	21–30	0,2	30	einige	–
Blutmehl	14–15	1,5	0,8	0,8	viele	bis 70
Hühnermist (trocken)	3,5	4	2,5	6–10	viele	bis 60
Peru-Guano	7	12	2–2,5	15–20	viele	bis 50
Rindermist (trocken)	1,5	1,5	4	4	einige	25–60
Rindermist (frisch, strohig)	0,4	0,2	0,5	0,5	einige	25

(Alle Zahlen sind Prozentangaben.)

Schweinemist
Enthält viel Kali, aber wenig Kalk. Wird Schweinemist mit Gartenabfällen kompostiert, so entsteht ein hochwertiger Dünger, der besonders von Lauch und Himbeeren geschätzt wird.

Schaf- und Kleintiermist
Schafe, Kaninchen, Hühner und Tauben produzieren hitzigen Dünger mit zum Teil hohem Gehalt an Stickstoff, Kali und Phosphor. Diese Dünger keinesfalls frisch auf die Beete ausbringen, sie sind viel zu scharf und schädigen die Pflanzen nachhaltig. Ideal sind sie fürs Kompostieren.

Dünger aus Naturmineralien
Im naturgemäßen Garten- und Landbau schätzt man seit alters her natürliche Mineralstoffe. Denken Sie nur an die Fruchtbarkeit des legendären Nilschlammes, der etwa 50% Kieselsäure, 20% Tonmineralien, 8% Kalk, 1,5% Kali und zahlreiche Spurenelemente wie Eisen, Kupfer, Kobalt, Molybdän, Titan, Mangan, Natrium und Schwefel enthielt. Zu den wichtigsten natürlichen Mineraldüngern zählen Gesteinsmehle, Algenprodukte, Kalk und Holzasche.

Gesteinsmehle
Sie sind so verschieden wie das Gestein, aus dem sie gewonnen werden. Jede Gesteinsart besitzt neben zahlreichen Spurenelementen unterschiedliche Anteile an Silizium, Kalk, Kali und Magnesium.

- Urgesteinsmehle sind kalkarm und eignen sich daher besonders für kalkhaltige Böden.
- Steinmehl mit Magnesium enthält viel Kalk und wird deshalb auf kalkarmen, also sauren Böden verwendet.
- Lavamehl oder -granulat wird aus Vulkangestein gewonnen und weist ebenfalls hohe Gehalte an Magnesium, Kalk, Kali und Tonmineralien auf.

Der Düngewert der Steinmehle ist sehr von der biologischen Aktivität des Bodens abhängig. Das heißt, je lebendiger der Boden ist, desto rascher stehen die wachstumsförderlichen Elemente den Pflanzen zur Verfügung. Denn auch Gesteinsmehle müssen – wie organische Dünger – erst von den Bodenlebewesen pflanzenverfügbar aufbereitet werden. Wer große Mengen Gesteinsmehl auf biologisch tote Böden streut, schädigt den Boden nicht, hat aber auch keinen Nutzen. Wer mehrmals im Jahr nur geringe Mengen aufs Beet bringt, kurbelt die Fruchtbarkeit sanft, aber nachhaltig an.

Mein Tip: Achten Sie beim Kauf darauf, daß das Steinmehl tatsächlich mehlfein ist. Wenn es sich zwischen den Fingern grob wie Speisesalz anfühlt, kann es von den Bodenorganismen nicht aufgeschlossen werden.

Fortsetzung: → Seite 52

PRAXIS
Bodenbearbeitung

Bodenbearbeitung im Herbst
Besonders dankbar wird jeder Gartenboden auf eine Gründüngung reagieren, die ihn den Winter über schützt. Dies bedeutet, daß die Beete bis zum Spätsommer abgeräumt sein müssen, damit die Gründüngerpflanzen (→ Seite 22 und 24/25) ausgesät werden können.
Wer bis in den Spätherbst hinein noch spätes Gemüse abzuernten hat, wird seine Beete wie folgt für den Winter präparieren. Am Anfang steht die tiefgründige Bodenlockerung, die auf zweierlei Weise und mit zwei verschiedenen Geräten ausgeführt wird, je nach Bodenart.
Bodenlockerung mit der Grabegabel (→ Zeichnung 1) bei rohen oder schweren, lehmig-tonigen Gartenböden. Die Grabegabel bodeneben in die Erde stechen, den Stiel nach unten drücken, so daß sich das Erdreich etwas hebt und mit den Zinken Erdklumpen in kleinere Teile zerstechen.
Mein Tip: Gerade bei schweren, verdichteten Böden nicht mit den Füßen auf das zu bearbeitende Beet treten. Damit verfestigt sich der Boden zusätzlich. Legen Sie ein Holzbrett unter, es verteilt das Körpergewicht auf eine größere Fläche.

Bodenlockerung mit dem Sauzahn oder Krail für Gartenbeete, die schon einige Jahre naturgemäß bearbeitet und gepflegt wurden oder bei leichten, sandigen Böden. Ziehen Sie das Werkzeug von beiden Beetseiten aus diagonal durch die Erde, so daß kleine Rautenmuster entstehen. Der Boden wird dadurch gleichmäßig und gut gelockert.

Unkraut entfernen (→ Zeichnung 2). Unkräuter, die bei der Bodenlockerung entwurzelt werden, von der Beetoberfläche entfernen. Bei besonders tiefwurzelnden müssen Sie mit dem Unkrautstecher nachhelfen. Größere Unkrautblätter können gleich auf dem Beet als Nahrung für die Bodenlebewesen liegen bleiben. Ihre Wurzeln hingegen kommen auf den Kompostsammelhaufen (→ Seite 32).
Düngen (→ Zeichnung 3). Sobald die Bodentemperatur auf etwa 5 °C abgesunken ist,
- organischen Dünger (→ Seite 48), wie Mist, Kompost, organischen Voll- oder Einzeldünger,
- Gesteinsmehl (→ Seite 49)
- und Algenkalk (→ Seite 52)

oberflächlich auf dem gelockerten Beet verteilen und mit dem Rechen leicht einharken.
Ein Großteil dieser festen Stoffe steht dann im kommenden Frühjahr den Pflanzen zur Verfügung. Würden Sie dagegen den Festdünger erst im Frühjahr aufs Beet bringen, vergingen je nach Witterung Wochen bis Monate, bis ihn die Bodenorganismen pflanzenverfügbar aufbereitet hätten.
Mein Tip: Berücksichtigen Sie bereits jetzt beim Düngen die Nährstoffbedürfnisse der im folgenden Jahr geplanten Kultur. Auf Beete für Starkzehrer kommen Mist oder Rohkompost beziehungsweise organischer Volldünger (120 g pro m^2), auf Beete für Mittel- und Schwachzehrer geben Sie reifen Kompost oder organischen Volldünger (50 bis 80 g pro m^2).

Mulchen (→ Zeichnung 4). Nach dem Düngen werden die Beete sofort mit einer schützenden Mulchschicht versehen. Besonders günstig ist Stroh. Sie können auch Material aus dem Garten nehmen, wie Laub oder den letzten Grasschnitt.

1 Schwere Böden mit der Grabegabel tiefgründig lockern.

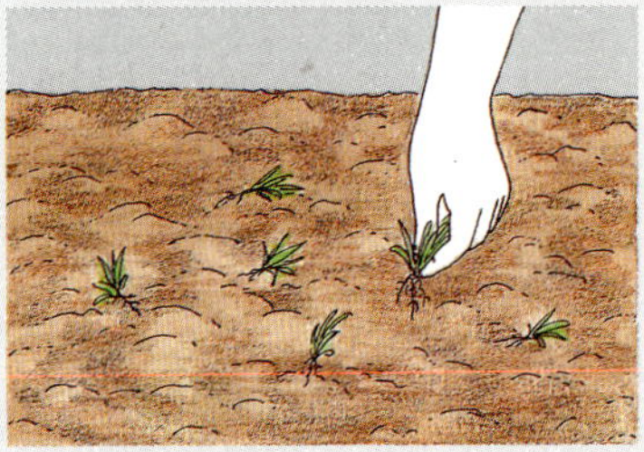

2 Unkräuter entfernen, notfalls mit dem Unkrautstecher nachhelfen.

3 Dünger mit dem Rechen in die Beetoberfläche einarbeiten.

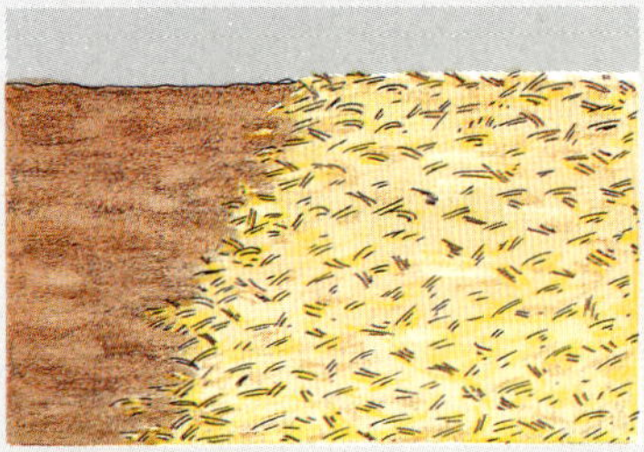

4 Beet mit Mulchschicht schützen. Günstig: Stroh, Laub oder Gras.

Bodenbearbeitung im Frühjahr
Der richtige Zeitpunkt für die Beetvorbereitungen im Frühling ist gekommen, sobald die Kätzchen der Salweide zu stäuben beginnen. Dies ist regional verschieden, meist zwischen Anfang März und Anfang April.
Wichtig: Im Frühjahr Gartenbeete auf keinen Fall tiefgründig lockern. Dabei würde die Krümelstruktur der Beetoberfläche durch Erdklumpen aus tieferen Schichten gestört.
Mulchschicht abrechen und Beete abtrocknen lassen (→ Zeichnung 5). Wählen Sie dazu einen trockenen Tag, an dem der Boden schnee- und frostfrei ist. Auch Gründüngerreste werden jetzt entfernt und wie die Mulchdecke zum Kompostsammelhaufen gebracht, denn Sonne und Wind sollen die Beetoberfläche abtrocknen und erwärmen. Solange die Beetoberfläche naß (dunkel) ist, darf sie nicht bearbeitet werden. Die Gefahr der »Klumpenbildung« ist zu groß.
Mein Tip: Wer seine Gartenbeete über den Winter mit Stroh geschützt hatte, kann damit jetzt die Wege zwischen den Beeten auslegen.

Unkräuter entfernen und auf den Kompostsammelhaufen geben.
Düngen, falls es nicht im Herbst geschehen ist. Möglich ist die gleiche Düngung wie im Herbst (→ Seite 50), die Nährstoffe stehen aber dann den Pflanzen erst nach einiger Zeit zur Verfügung, denn sie müssen durch die Bodenlebewesen aufgeschlossen und pflanzenverfügbar gemacht werden. Je nach Bodentemperatur und biologischer Aktivität kann das etliche Wochen Zeit in Anspruch nehmen.
Gesteinsmehl und Dünger stäuben (→ Zeichnung 6). Streuen Sie etwa 100 g pro m² aus.
Gesteinsmehl und Dünger mit dem Rechen leicht einarbeiten (→ Zeichnung 7). Wurde zuvor Kompost oder ein anderer organischer Dünger ausgebracht, wird beides zusammen leicht in die Beetoberfläche eingeharkt.
Beetoberfläche glätten (→ Zeichnung 8). Dazu mit der Rechenrückseite über das Beet ziehen und alle größeren Steine und Erdklumpen entfernen. Nun ist das Gartenbeet saatfertig.
Mein Tip: Beete, die erst nach den Eisheiligen mit frostempfindlichen Gewächsen bepflanzt werden sollen, bis dahin nicht ungeschützt »nackt« liegenlassen. Säen Sie eine schnellwüchsige Gründüngung aus, wie Gelbsenf (→ Seite 25), Kresse (→ Seite 27) oder *Phacelia* (→ Seite 25). Dies schützt und verbessert obendrein die Bodenstruktur.

Mögliche erste Freilandkulturen sind Steckzwiebeln, Möhren, Schwarzwurzeln, Dicke Bohnen, Knoblauch, Meerrettich, Topinambur. Etwas später folgen Spinat, Petersilie, Dill, Erbsen, Kohlrabi, Salat, Rettiche und Radieschen. Starten Sie, sobald sich der Boden in 5 bis 10 cm Tiefe wenigstens auf 6 °C erwärmt hat und keine Nachtfröste unter –5 °C mehr zu erwarten sind.

5 Im Frühjahr die Mulchschicht oder abgestorbenen Gründüngerpflanzen abrechen und das Beet von Sonne und Wind abtrocknen lassen.

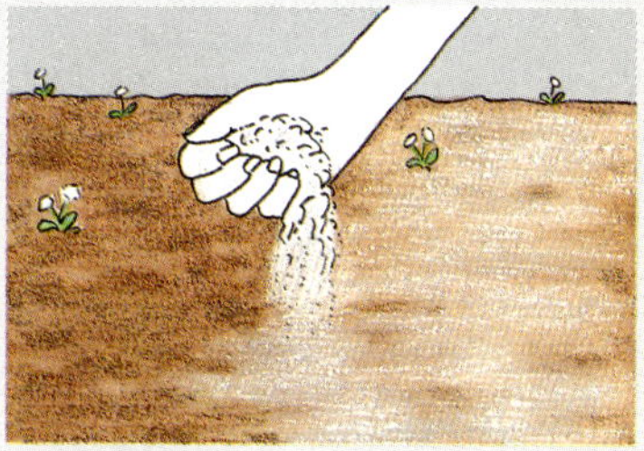

6 100 g Gesteinsmehl pro m² ausstäuben.

7 Naturmineralien oder andere Dünger leicht ins Beet einrechen.

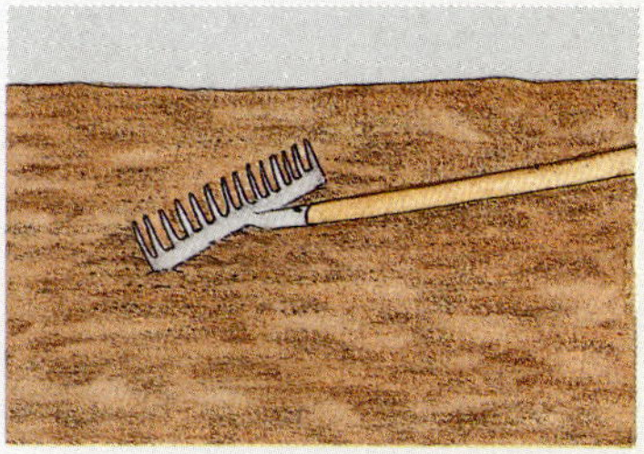

8 Beetoberfläche mit der Rechenrückseite glätten.

Kalk

Die meisten Kalke unserer Erde sind in weit entfernten geologischen Epochen durch Ablagerungen toter Tiere und Pflanzen zustande gekommen. Wo Kalk im Boden fehlt, äußert sich dies in einem ungesunden Wachstum (Symptome für Kalkmangel sind Blattvergilbungen, Absterben der Triebspitzen oder geringe Wurzelbildung) vieler Pflanzen und in einem niedrigen pH-Wert des Bodens (unter 6).
Naturgemäße Kalkdüngung lautet das Schlagwort für den biologisch orientierten Gärtner und bedeutet, daß nur kohlensaurer Kalk $CaCO_3$ (→ Seite 31), der in der Natur vorkommt, verwendet wird. Das läßt sich auf verschiedene Weise verwirklichen.

- Durch reifen Kompost, dem bereits beim Aufsetzen Düngekalke (kohlensaurer Kalk) zugegeben wurden (→ Seite 31). Ideal ist Algenkalk, der etwa 80% kohlensauren Kalk, 10% Magnesium und sehr viele Spurenelemente besitzt. Wenn er über den Komposthaufen verabreicht wird, wirkt er als hervorragendes Bakterienfutter und in Verbindung mit den organischen Stoffen als ausgezeichneter Bodenverbesserer.
- Durch reifen Kompost generell, denn die meisten organischen Abfallprodukte besitzen von sich aus recht beträchtliche Kalkgehalte.
- Durch Gründüngung. Besonders bedeutsame Helfer sind die Leguminosen, die nicht nur Kalk und Stickstoff in ihrem Pflanzenkörper sammeln, sondern auch mit ihren Wurzeln tiefer als viele andere Pflanzen in den Untergrund der Böden vordringen und dort zusammen mit anderen Mineralien auch Kalk lösen und aufschließen können. Beim Verrotten geben sie diese Stoffe an den Boden zurück. Für Sandböden empfehlen sich hierzu einjährige Lupinen, allein oder im Gemenge mit Serradella *(Ornithopus sativus)*. Für schwere Böden wählen Sie besser Wicken, Dicke Bohnen, Erbsen, Buschbohnen oder das Rotenburger Kombigemenge.

<u>Was ist Kalkwechsel?</u> All diese naturgemäßen Methoden der Kalkzufuhr basieren auf dem Prinzip des Kalkwechsels. So bezeichnet man den natürlichen Austausch der Kalkgehalte aus dem Boden zur Pflanze und wieder zurück von den Pflanze zum Boden.
<u>Vorsicht mit direkter Kalkdüngung!</u> Wer Kalk direkt aufs Beet streut, kann damit eine Art Raubbau an seinem Boden betreiben. Kalk macht dort, wenn auch nur in homöopathischen Dosen, Kalium frei, und das regt das Wachstum der Pflanzen besonders an. Erhöhtes Pflanzenwachstum baut Humus rasch ab. Nicht umsonst lautet ein altes Sprichwort: »Kalk macht reiche Väter, aber arme Söhne.«

Holzasche

Sie ist reich an Kalk, Phosphorsäure und Kalium. Bei Bodenuntersuchungen zeigt es sich immer wieder, daß die Kaliwerte teilweise extrem hoch sind. Zu hohe Kaligehalte wirken wachstumshemmend. Die normalen Durchschnittswerte für Kali im Boden liegen bei 15 bis 25 mg auf je 100 g eines trockenen Bodens. Holzasche sollte überwiegend in geringen Mengen über den Komposthaufen (→ Seite 31) dem Gartenboden zugeführt werden. Ausnahme: Wurzelgemüse hat einen relativ hohen Bedarf an Kalium.
Mein Tip: Sobald Wurzelgemüse (wie Möhren, Pastinaken, Sellerie, Rüben, Schwarzwurzeln) etwa 10 cm hoch ist, bestäuben Sie die Beete fein mit Holzasche (3 bis 4 Handvoll pro m^2), anschließend wird gemulcht.

Algenpräparate

Obwohl Algen Meeresorganismen sind, enthalten sie kein Kochsalz. Sie sind sehr reich an Kalium, Kalk, Kieselsäure, Magnesium und Spurenelementen (es sind 60 und mehr). Aus den Meeresalgen und deren Ablagerungen, den Korall-Algenriffen, werden in erster Linie Algenkalk und flüssige oder pulverförmige Spritz- und Stäubemittel hergestellt. Oft werden diese Mittel noch zusätzlich mit Auszügen aus Wild- und Heilkräutern gemischt.
Algenprodukte sind in gut sortierten Fachgeschäften erhältlich und stammen aus lebenden Braun- oder Rotalgen. Ganz generell wirken sie stärkend und vitalisierend.
Mein Tip: Beachten Sie die jeweiligen Angaben zur Anwendung auf den Packungen der Hersteller.

Torf und hochwertige Ersatzstoffe

Von den ursprünglich etwa 10 000 km^2 Moor und Feuchtgebieten in unserem Land sind nur noch knapp 200 km^2 übrig. Davon werden Jahr für Jahr etwa weitere 3,3 km^2 trockengelegt oder abgebaut. Gärtner können diesem Ausverkauf entgegenwirken, indem sie auf diesen Stoff oder torfhaltige Erden verzichten. Torf ist nicht das Wundermittel, für das ihn viele halten. Er besteht aus den unter Luftabschluß eingelagerten (vertorften) Überresten einer anspruchslosen, nährstoffarmen Vegetation. Es gibt hochwertige Naturprodukte, die den Eigenschaften von Torf weit überlegen sind.
<u>Laubkompost</u> wird (noch) nicht sackweise zum Kauf angeboten, kann aber sehr einfach selbst hergestellt werden (→ Seite 36). Er ist biologisch aktiv, beinhaltet wesentlich mehr Elemente als Torf, verbessert die Wasserführung, da er den Boden lockert, und wirkt generell belebend und humusbildend auf den Boden.

Ringelblumen (hier in Gesellschaft mit Boretsch) besitzen Heilkräfte für Boden und Mensch.

Rindenhumus kann selbst erzeugt (→ Seite 37) oder sackweise gekauft werden. Das Ausgangsmaterial ist Baumrinde, ein Abfallprodukt der Holzgewinnung.
Die Rinde wird zerkleinert, mit organischem Stickstoffdünger (leider verwenden viele Hersteller synthetischen, salzhaltigen Mineraldünger) und natürlichen Mineralien (Gesteinsmehle und Kalk) vermischt und kompostiert. Die wachstumshemmenden Stoffe, die im Rindenmulch vorhanden sind, werden beim Kompostierungsprozeß abgebaut, so daß Rindenhumus frei von diesen Stoffen ist. Er lüftet und lockert den Boden, verbessert damit die Wasserführung, mehrt das Bodenleben und fördert die Humusbildung. Rindenhumus wird wie Komposterde oberflächlich in den Boden eingearbeitet und mit einer Mulchschicht aus Gartenabfällen abgedeckt.
Mein Tip: Rindenhumus darf nicht mit Rindenmulch verwechselt werden. Rindenmulch ist zerkleinerte, frische, nicht kompostierte Baumrinde. Sie enthält wachstumshemmende Stoffe und sollte deshalb nicht für Gemüsebeete verwendet werden, ist aber gut als Mulchmaterial unter Stauden und Gehölzen geeignet.

Zum Verjauchen nur Brennesseln sammeln, die noch keine Samen tragen, und kleinhacken.

Brennesseljauche
Diese Jauche ist ein hochkonzentrierter, sofort pflanzenverfügbarer Flüssigdünger, der neben zahlreichen Spurenelementen Chlorophyll, Stickstoff, Eisen, Kalk und Kieselsäure enthält. Sie wirkt wachstumsfördernd.
So wird Brennesseljauche hergestellt: Als Behälter eignen sich Holz-, Kunststoff- oder Steingutfässer. Verwenden Sie auf keinen Fall Gefäße aus Metall, es kann leicht zu unerwünschten chemischen Reaktionen kommen.
Mein Tip: Sammeln Sie frische Brennesseln von Mai bis Juli, bevor die Pflanzen Samen angesetzt haben. Wandern nämlich samentragende Brennesseln in die Jauche, können Sie beim Düngen ungewollt und ohne es zu ahnen die Pflanzen auf Ihre Beete aussäen.

- Gefäß an einem warmen, sonnigen Ort aufstellen.
- Brennesseln schneiden, ins Gefäß geben und mit Wasser aufgießen. Auf 10 Liter Wasser kommt 1 kg Brennesseln.
- Gefäß mit Maschendraht oder einem Holzrost abdecken, damit keine Vögel und andere Kleintiere darin ertrinken können.
- Täglich mindestens einmal kräftig mit einem Stock durchrühren, denn Sauerstoff ist für die Gärung wichtig.
- Nach 1 bis 2 Tagen 1 Handvoll Steinmehl oder Baldrianblütenextrakt einstreuen, damit die Jauche nicht übermäßig stinkt.
- Sie ist gebrauchsfertig, wenn sie beim Umrühren nicht mehr schäumt. Das ist nach 1 bis 2 Wochen der Fall.

So wird sie verwendet: Brennnesseljauche grundsätzlich nur während der Hauptvegetationszeit, also von Juni bis August, verabreichen. Außerhalb der Hauptwachstumsphase wird sie von den Pflanzen nicht ganz verwertet und zum Teil ins Grundwasser ausgewaschen oder in den Pflanzen als gesundheitsschädliches Nitrat gespeichert.

- Pur darf die Jauche nur über den Komposthaufen gegossen werden.
- Die Verdünnung hängt vom Nährstoffbedürfnis der Pflanzen ab.
- Starkzehrende Pflanzen wie Kohl-Arten, Kürbis, Gurken, Tomaten, Rosen, aber auch Pelargonien (Geranien) erhalten eine hohe Konzentration: 1 Liter Jauche auf 10 Liter Wasser.
- Bei Mittelzehrern wie Salat, Rettiche und Spinat 1 Liter Jauche auf 20 bis 25 Liter Wasser.

- Schwachzehrer wie Salbei, Zitronenmelisse und Estragon erhalten keine Brennesseljauche. Ätherische Öle und Geschmack werden nachteilig beeinflußt.
- Am besten nach einem ergiebigen Regen die Nährlösung gezielt im Wurzelbereich der Pflanzen ausbringen.
- Nicht auf trockene Erde und über die Pflanzen gießen. Bei längeren Trockenperioden vorher mit abgestandenem Wasser gründlich gießen (15 bis 25 Liter pro m^2).
- Alle 1 bis 2 Wochen einmal diese Düngung verabreichen.

Mein Tip: Da vergorene Jauche stark stinkt, können Sie sich und Ihre Nachbarn vor dieser Geruchsbelästigung schützen, indem Sie das Jauchefaß, sobald die Gärung beendet ist, mit einem gut schließenden Deckel versehen.

Neben den Brennesseln lassen sich viele andere Pflanzen verjauchen oder zu bodenstärkenden Mitteln verarbeiten. Man kann sie einzeln oder zusammen ansetzen.

Steinmehl verhindert, daß die Brennesseljauche übermäßig stinkt.

Ackerschachtelhalmjauche

Sie wird über den Boden gegossen und wirkt kräftigend und gegen Pilzbefall. Ackerschachtelhalm *(Equisetum arvense)* besitzt einen hohen Siliziumgehalt (Kieselsäure), was Pflanzen widerstandsfähig gegen Mehltau, Rost, Blatt- und Krautfäule macht. Daneben weist Ackerschachtelhalm weitere Elemente wie Kalk, Schwefel, Natrium, Kalium, Mangan und Magnesium auf.

Hergestellt und verwendet wird die Jauche wie Brennesseljauche.

Beinwell- oder Comfreyjauche

Sie enthält Kali, Kalk, Stickstoff und weitere Elemente sowie Alkaloide, Cholin und Allantoin. Der heimische Beinwell oder der noch gehaltvollere, aus Rußland stammende Comfrey wirken ebenfalls pflanzenstärkend und beugen Krankheiten vor. Tomaten gedeihen besonders gut, wenn man sie mit Brennessel-Comfreyjauche düngt. Hergestellt und verwendet wird die Jauche wie Brennesseljauche.

Hirtentäschel-Tee

Hirtentäschel *(Capsella bursa-pastoris)* gehört zu den weitverbreiteten Wildkräutern und ist reich an Calcium, Kalium und Natrium. Ein Aufguß daraus regeneriert einseitig beanspruchte Böden. Übergießen Sie 1 kg frischer Pflanzen mit 10 l kochendem Wasser. Den Tee ziehen lassen, bis er abgekühlt ist, dann durchseihen, mit Wasser 1 : 5 verdünnen und über den Boden gießen.

Löwenzahn-Brühe

Löwenzahn *(Taraxacum officinale)* enthält Kieselsäure, Cholin, Saponine, Inulin, Bitterstoffe und ätherische Öle. Eine Brühe aus Blättern und Blüten wirkt kräftigend auf den Boden. 200 g davon in 10 l kaltem Wasser einweichen und 24 Stunden stehen lassen. Dann auf kleinem Feuer 20 bis 30 Minuten köcheln und abkühlen lassen. Nach dem Abseihen unverdünnt ausgießen.

Ratschläge zur Neuanlage und Tips zur Umstellung

Wer künftig seinen Garten naturgemäß bestellen möchte, hat zunächst ein hartes Stück Arbeit vor sich. Kennt man aber die Zusammenhänge, so läßt sich die nötige Geduld für die Umstellung leicht aufbringen - prächtiges, gesundes Obst und Gemüse lohnen die Mühen mehrfach.

Grundsätzliches zur Gartenplanung

Wer nach dem Vorbild der Natur gärtnern will, sollte seinen Garten – wenn er ihn sowohl beernten wie auch für Spiel und Freizeit nutzen möchte – in 4 Bereiche aufgliedern. Je nach persönlicher Neigung, Freizeit und Gartengröße wird jeder unterschiedliche Schwerpunkte setzen. Beachten Sie aber bei der Planung bereits, daß der Garten später ohne allzu große Eingriffe an die veränderten Bedürfnisse der Familie angepaßt werden kann.

Der Spiel-, Erholungs- und Ziergarten ist ein Areal für die ganze Familie, in das Blumen einbezogen werden.

Der Naturgarten sollte möglichst weit entfernt vom Freizeitgeschehen sein, damit sich viele Lebewesen einfinden, die den natürlichen Kreislauf im Garten unterstützen und langsam das verlorengegangene Gleichgewicht zwischen Nützlingen und Schädlingen wieder ins Lot bringen.

Der Kompostplatz, die »Goldgrube«, sorgt für die Fruchtbarkeit im Garten und ist die ideale Recyclinganlage für alle organischen Abfälle. Am besten liegt dieser Platz an einer windgeschützten Stelle (→ Seite 30) und gut zugänglich für den An- und Abtransport des Kompostmaterials.

Der Nutzgarten ist für Selbstversorger ein wahres Eldorado, in dem man gesunde Beeren und anderes Obst, knackig-frisches Gemüse und aromatische Kräuter selbst ziehen und ernten kann.

Tips zur Anlage des Nutzgartens

Der sonnigste Ort im Garten gehört für den Nutzgarten reserviert. Im Sommer sollte die tägliche Sonneneinstrahlung mindestens 8 Stunden betragen.

Ein schützendes Kleinklima für den Boden und die auf ihm angebauten Kulturpflanzen muß unbedingt geschaffen werden. Denn heftige Westwinde und rauhe aus Ost und Nord kühlen Luft und Boden ab und trocknen ihn aus. Mißt man die Temperatur gleichzeitig an einer windgeschützten und an einer dem Wind ausgesetzten Stelle, so stellt man oft Temperaturdifferenzen bis zu mehreren Grad fest. Auch im Boden macht sich der Temperaturunterschied bemerkbar. Weitere Vorteile: Die Nachtkühle dringt in einen geschützten Garten verzögert ein, die Tageswärme wird länger gehalten.

Ein schützendes Kleinklima läßt sich schaffen durch:

- Lattenzäune,
- Hecken (zum Beispiel aus Beerensträuchern oder Spindelbäumchen),
- Stauden und andere hochwachsende Blumen.

Ungewöhnliche Orte für den Nutzgarten. Der Platz um die Terrasse ist meist der sonnigste. Scheuen Sie sich nicht, diese Fläche mit in den Gemüsegarten einzubeziehen. Deswegen brauchen Sie nicht auf Rosen, Lieblingsstauden oder Blumen zu verzichten. Ein paar Rosen, dazwischen Kräuter wie Lavendel, Salbei, Thymian, Ysop, Bohnenkraut und Französischer Estragon sowie anschließend Mischkulturen, unterbrochen von Ringelblumen, Tagetes, Malven und Sonnenblumen, bringen Farbe, Leben und Abwechslung rund um die Terrasse.

Ein kleiner, sonniger Vorgarten mit Monatserdbeeren, Kräutern, Kapuzinerkresse und Sommerblumen ist fürs Auge mindestens genau so schön wie verkünstelte Einheitsanlagen.

Wie man aus einer Rasenfläche Beete gewinnt

Diese Frage stellt sich für Gärtner, die aus einem Teil des Zier- oder Spielrasens einen Nutzgarten für Beerenobst, Gemüse und Kräuter anlegen möchten. Dazu gibt es verschiedene Möglichkeiten:

Den Charme alter Bauerngärten machte von jeher das bunte Miteinander von Zier- und Nutzpflanzen aus.

Erde aufschütten.
Bedecken Sie die entsprechende Rasenfläche mit einer 20 cm dicken Erdschicht. Diese Methode ist etwas problematisch, weil es oft schwierig ist, an gute, biologisch intakte Erde zu kommen.
Bis zum pflanzfertigen Beet dauert es nur einige Tage, und zwar so lange, bis sich der aufgeschüttete Humus etwas gesetzt hat.
Mein Tip: Die so gewonnene Beetfläche können Sie mit unbehandelten Holzbrettern oder Schneckenabwehrblechen einfassen.

Rasen zu Tode mulchen.
Bedecken Sie hierfür die Rasenfläche mit Kartonagen, Laub, angetrocknetem Gras (unter das Sie auch Heckenschnittgut, Rinde, Laub und junge Brennesseln mischen können) oder Stroh dicht und hoch, so daß die Pflanzendecke darunter verrottet (→ Seite 45).
Wenn Sie im Frühling damit beginnen, haben Sie im kommenden Jahr fertige Beete für Aussaat und Pflanzung. Sie müssen dann nur noch die oberste unverrottete Schicht abrechen.

Rasensoden abtragen.
Hierfür benötigen Sie eine Kreuz- oder Kulturhacke und einen Pickel.
- Die vorgesehene Fläche wird mit Sägemehl oder einer Pflanzschnur markiert und in Rechtecke von 20 x 20 cm unterteilt.
- Jetzt durchtrennt man mit kräftigen Hieben mit der Hacke (Beilseite) den Rasenfilz entlang der Markierung.
- Nehmen Sie dann mit der Schaufelseite der Kulturhacke die Rasensoden (ihre Stärke beträgt etwa 7 cm) heraus und lagern Sie sie abseits.

• Gut ist ein Probeaushub (Spatenstrukturprobe, → Seite 18 oder Bodenhorizontprobe, → Seite 13), um Qualität und Schichthöhe des Oberbodens zu prüfen. Meist wird roher Oberboden (→ Seite 5) vorgefunden, der für einen Nutzgarten erst nach und nach aufbereitet werden muß. Seine Schichthöhe sollte etwa 20 bis 30 cm betragen.
• Nun den Oberboden mit dem Pickel mindestens 20 bis 25 cm tief lockern und Steine ab Hühnereigröße entfernen. Keinesfalls die Erde durchsieben, denn Steine lockern und wärmen den Boden.
• Rasensoden nun auf den gelockerten Rohboden umgekehrt auflegen, das heißt, ihre Wurzeln zeigen nach oben.
• Darüber verteilen Sie Roh- oder Reifekompost, Mist, Gesteinsmehl oder ersatzweise organischen Volldünger.
• Abschließend die ganze Fläche reichlich mit angetrocknetem Gras oder Stroh abdecken und mindestens 6 Monate - am besten über den Winter - ruhen lassen.
• Im Frühjahr Gras oder Stroh abrechen. Sie werden erstaunt sein, wie feinkrümelig die Rasensoden verrottet sind. Man findet gute Saat- und Pflanzbedingungen vor.

Oberboden herausschaufeln.

• Grassoden wie oben beschrieben abtragen.
• Oberboden etwa 25 cm tief aufpickeln und herausschaufeln.
• Nun die Grubensohle aufpickeln und die Rasensoden mit den Wurzeln nach oben darauflegen.
• Erde des Oberbodens wieder einfüllen und oberflächlich Kompost sowie Gesteinsmehl einarbeiten.

Sobald sich die Erde etwas gesetzt hat (meist bereits nach einigen Tagen), kann das Beet bestellt werden. Wenn der Boden roh (→ Seite 16) ist, sollten Sie ihm erst eine Gründüngungskur (→ Seite 20) verordnen.

Umstellung auf biologischen Anbau

Ein mit chemischen Giften und Kunstdüngern abgewirtschafteter Boden kann nur langsam wieder belebt werden. Die Jahre der Umstellung sind Jahre der Mühe, Hoffnung und Enttäuschungen. Den Pflanzen geht es wie einem Suchtkranken, sie leiden unter Entzugserscheinungen. Sie werden nicht mehr künstlich ernährt, und Gifte gegen Schädlinge, Pilze und Unkräuter wurden abgesetzt. Von einem Boden, der über Jahre abgewirtschaftet wurde, können Sie keine Wunder (große Ernten) erwarten. Die Bodenlebewesen (Dünger- und Humusproduzenten) müssen neu angesiedelt werden. Das gelingt aber erst, wenn die vorhandenen Gift- und Salzreste (von chemischen Pflanzenschutzmitteln und synthetischen Mineraldüngern) aus dem Boden abgebaut beziehungsweise in tiefere Bodenschichten ausgewaschen sind. Dann können die Bodenorganismen langsam diese Erde wieder besiedeln und organische Substanz im Boden verarbeiten. Es nützt aber nichts, wenn Sie gleich zu Beginn der Umstellung große Mengen an organischem Material aufs Beet bringen, der wenig belebte Boden kann damit nichts anfangen, da die Bakterien und Würmer fehlen. Während der Umstellungsphase müssen Sie also Mindererträge in Kauf nehmen, da die Pflanzen nicht mehr gedopt werden und die natürliche Nährstoffversorgung noch unterbrochen ist.

Meine Empfehlung für das 1. Umstellungsjahr

• Keine starkzehrenden Gemüse (wie Gurken, Sellerie, Kohl) kultivieren.
• Keine Gemüse mit langer Kulturzeit (wie Mangold, Rote Bete, Schwarzwurzeln) anbauen.
• Bauen Sie Gemüse an, das spätestens bis Ende Juli/Anfang August abgeerntet ist (wie Buschbohnen, Erbsen, Möhren, Radieschen, Salate, Spinat oder Zwiebeln).
• Nach der Ernte die Beete sofort mit der Grabegabel oder dem Sauzahn (→ Seite 50) tiefgründig lockern, das Unkraut entfernen und eine einjährige Leguminosenmischung (zum Beispiel Rotenburger Kombigemenge, → Seite 21) aussäen.

Meine Empfehlung für das 2. Umstellungsjahr

• Überwiegend schwach- und mittelzehrende Gemüse-Arten anbauen.
• Vor jeder Neuaussaat oder Bepflanzung jeweils Reifekompost (1 bis 2 cm hoch) oberflächlich einarbeiten. Öfters im Jahr geringe Mengen sind gerade während der Umstellung besser als einmal eine dicke Schicht. Der Boden kann nur kleine Mengen verdauen, da er noch zu wenig lebendig ist.
• Weitere bodenverbessernde und -pflegende Maßnahmen durchführen, zum Beispiel die tiefgründige Bodenlockerung im Herbst und die Bodenbedeckung über den Winter (→ Seite 50).

Jahr für Jahr begleiten die ständigen und selbstverständlichen Methoden des naturgemäßen Gärtnerns alles Tun: Gründüngung (→ Seite 20), Kompost (→ Seite 28) und Mulchen (→ Seite 40).

Wer möchte da nicht zulangen? ▷
Prächtige Kartoffeln sind das Ergebnis eines tiefgründig-humosen Bodens. Kartoffeln haben darüber hinaus den Vorzug, den Boden mit ihren vielen Wurzeln zu lockern.

REGISTER

Die **halbfett** gesetzten Seitenzahlen verweisen auf Farbfotos und Farbzeichnungen.
U = Umschlagseite

Adressen und Bücher, die weiterhelfen

Bodenuntersuchungen

Institut für angewandte Botanik, Marseiller Str. 7, D-W-2000 Hamburg 36

Landwirtschaftliche Untersuchungs- und Forschungsanstalt, Mars-La-Tour-Str. 4, D-W-2900 Oldenburg

Landwirtschaftliche Untersuchungs- und Forschungsanstalt, Finkenborner Weg 1A, D-W-3250 Hameln

Hessische landwirtschaftliche Versuchsanstalt, Am Versuchsfeld 13, 3500 Kassel-Harleshausen und Rheinstr. 91, D-W-6100 Darmstadt

Labor für Bodenuntersuchungen und Spurenmetallanalytik Dr. Fritz Balzer, Oberer Ellenberg 5, D-W-3551 Amönau

Landwirtschaftliche Untersuchungs- und Forschungsanstalt, Weberstr. 61, D-W-5300 Bonn

Dr. Volker Rusch, Institut für mikrobiologische Bodenuntersuchung, Am Hintersand, D-W-6348 Herborn (keine Nährstoff- Untersuchung)

Landesanstalt für landwirtschaftliche Chemie, Emil-Wolff-Str. 14, D-W-7000 Stuttgart-Hohenheim

Staatliche landwirtschaftliche Untersuchungs- und Forschungsanstalt Augustenberg, Postfach 410943, D-W-7500 Karlsruhe 41

Bayerische Hauptversuchsanstalt für Landwirtschaft, D-W-8050 Freising-Weihenstephan

Bayerische Landesanstalt für Bodenkultur und Pflanzenbau, Luxburgstr. 4, D-W-8700 Würzburg

Auskunft erteilt auch: Verband deutscher landwirtschaftlicher Untersuchungs- und Forschungsanstalten, Bismarckstr. 41 a, D-W-6100 Darmstadt

Bezugsquellen

Cohrs GmbH, Postfach 1165, D-W-2720 Rotenburg (Naturgemäße Pflegemittel für Boden, Pflanze und Tier)

Neudorff GmbH & KG, Postfach 1209, D-W-3254 Emmerthal 1 (Naturgemäße Pflegemittel, Bodentests und Dünger)

Alginure Werk, Biochemie GmbH, Postfach 46, D-W-7000 Stuttgart (Biochemische Produkte)

Oscorna GmbH und Co, Postfach 4267, D-W-7900 Ulm (Naturdünger)

Weiterführende Literatur

Pfeiffer, E.: *Die Fruchtbarkeit der Erde,* Geering Verlag, Dornach/Schweiz

Scheffer, F./Schachtschabel, P.: *Lehrbuch der Bodenkunde,* Enke Verlag, Stuttgart

Schlichting, E.: *Einführung in die Bodenkunde,* Paul Pary Verlag, Hamburg

Zeitschriften

FLORA
Gruner & Jahr, AG & Co, Postfach 111 629, D-W-2000 Hamburg 11

GARTEN ORGANISCH
Organischer Landbau Verlag, Postfach 1123, D-W-5358 Bad Münstereifel

Lebendige Erde
Baumschulenweg 11, D-W-6100 Darmstadt

Winke
Abtei Fulda, Nonnengasse 16, D-W-6400 Fulda

mein schöner Garten
Verlag Burda GmbH, Hauptstr. 130, D-W-7600 Offenburg

kraut & rüben
BLV Verlagsgesellschaft mbH, Lothstr. 29, D-W-8000 München 40

Wichtig: Adressenlisten und Angaben erheben keinen Anspruch auf Vollständigkeit. Bei Anfragen bitte einen frankierten und adressierten Rückumschlag beilegen.

Die Fotografen:
de Cuveland: Seite 25 m. li., m. re.; Niehoff: Seite 56; Pölkin: Seite 2; Redeleit: Seite U1, 5 li., re., 10 o., li., o. re., u. li., u. re., 17, 24 re., 46, 47, 54, 55; Reinhard: Seite 4, 14 o., m., u., 15 o. li., o. m., o. re., u. li., u. m., u. re., 29, 44, 57; Riedmiller: Seite 12, 13, 20, 23 o., u., 26/27, 27 re., 32 o., u., 33 o., u., 34, 37 o., u., 38/39, 41, 43, 53, 59; Sammer: Seite U2, 2; Scherz: Seite 24 m.; Schlammer: Seite 26 li., 28; Schmidt-Thomè: Seite 24 li.; Silvestris: Seite 40; Stein: Seite 21, 25 li., re.; Strauß: Seite U3, U4.

Wichtige Hinweise

In diesem Buch wird erklärt, wie man den Gartenboden biologisch bearbeitet und pflegt. Dazu gehört der Umgang mit einer Vielzahl von Gartengeräten. Bewahren Sie alle Gartenwerkzeuge so auf, daß sich keiner daran verletzen kann. Nach Gebrauch immer sofort wegräumen.
Kommt es bei der Gartenarbeit und im Umgang mit Erde zu offenen Verletzungen, suchen Sie umgehend einen Arzt auf und lassen Sie sich fachkundig behandeln. Besprechen Sie mit ihm, ob er eine Impfung gegen Tetanus (Wundstarrkrampf) für erforderlich hält.
In diesem Buch werden keine giftigen Dünge- oder Pflanzenschutzmittel empfohlen. Dennoch sind auch organische Düngemittel, wie Hornspäne, Horn- , Knochen- und Blutmehl, Algenkalk und Gesteinsmehle sowie Jauchen so aufzubewahren, daß sie für Kinder und Haustiere unerreichbar sind. Ihr Genuß kann zu gesundheitlichen Schäden führen. Diese Mittel dürfen außerdem nicht in die Augen gelangen. Verschließen Sie größere Jauchefässer mit einem Gitter, damit Kinder oder Kleintiere nicht hineinklettern oder -fallen können.

Die Fotos auf dem Umschlag:
Umschlagvorderseite: Kohlrabi.
Umschlagseite 2: Rotkohl und Eissalat.
Umschlagseite 3: Gesunde Mischkultur aus Kohl, Salat und Kohlrabi.
Umschlagrückseite: Reiche Ernte im naturgemäß gepflegten Garten.

CIP-Titelaufnahme der Deutschen Bibliothek
Gesunder Boden, gesunde Pflanzen: lebendige Gartenerde, ertragreich ohne Gift ; Experten-Rat für die naturgemäße Verbesserung des Gartenbodens ; mit Bodentests und Anleitung für Gründüngung, Mulchen, Kompostieren / Gerhard Schlammer - München: Gräfe und Unzer, 1991
(GU-Pflanzen-Ratgeber)
(Bio-Gärtnern leicht gemacht)
ISBN 3-7742-1358-5
NE: Schlammer, Gerhard

1. Auflage 1991

Redaktionsleitung: Hans Scherz
Stellvertretende Redaktionsleitung: Renate Weinberger
Redaktion: Gisela Keil
Lektorat: Renate Schilling
Herstellung: Petra Högg
Zeichnungen: Marlene Gemke
Umschlaggestaltung: Heinz Kraxenberger
Satz: Compusatz GmbH, München
Repro: Repro Ring
Druck: Pera
Bindung: Oldenburg

ISBN 3-7742-1358-5